Disfrute gratuitamente **DURANTE UN AÑO** de los eBook y audiolibros de las obras de Editorial Colex*

- Acceda a la página web de la editorial **www.colex.es**

- Identifíquese con su usuario y contraseña. En caso de no disponer de una cuenta regístrese.

- Acceda en el menú de usuario a la pestaña «Mis códigos» e introduzca el que aparece a continuación:

RASCAR PARA VISUALIZAR EL CÓDIGO

- Una vez se valide el código, aparecerá una ventana de confirmación y su eBook y audiolibro estará disponible **durante 1 año desde su activación** en la pestaña «Mis libros» en el menú de usuario.

---

* Los audiolibros están disponibles en las ediciones más recientes de nuestras obras. Se excluyen expresamente las colecciones «Códigos comentados», «Biblioteca digital» y los productos de www.vademecumlegal.es.

No se admitirá la devolución si el código promocional ha sido manipulado y/o utilizado.

¡Gracias por confiar en nosotros!

La obra que acaba de adquirir incluye de forma gratuita la versión electrónica.

Acceda a nuestra página web para aprovechar todas las funcionalidades de las que dispone en nuestro lector.

Funcionalidades eBook

Acceso desde cualquier dispositivo con conexión a internet

Idéntica visualización a la edición de papel

Navegación intuitiva

Tamaño del texto adaptable

Síguenos en: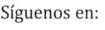

LA INEVITABLE INCIDENCIA COTIDIANA DE LA INTELIGENCIA ARTIFICIAL

UN ANÁLISIS DESDE LA PERSPECTIVA JURÍDICA

Esta publicación está financiada gracias a la convocatoria de proyectos internos 2025 de la Universidad San Jorge.

LA INEVITABLE INCIDENCIA COTIDIANA DE LA INTELIGENCIA ARTIFICIAL

UN ANÁLISIS DESDE LA PERSPECTIVA JURÍDICA

Dirección
M.ª Elena Colás Laguardia

Coordinación
Miguel Ángel Tenas Alós

COLEX 2025

© M.ª Elena Colás Laguardia, Miguel Ángel Tenas Alós
© Juan José Carrascón Concellón, María Elena Colás Laguardia, Sara Gutiérrez Pérez, Ivana M.ª Larrosa Ibañez , Miguel Ángel Tenas Alós

© Editorial Colex, S.L.
Calle Costa Rica, número 5, 3.º B (local comercial)
A Coruña, C.P. 15004
info@colex.es
www.colex.es

I.S.B.N.: 979-13-7011-393-3
Depósito legal: C 1620-2025
DOI: https://doi.org/10.69592/979-13-7011-393-3

SUMARIO

**REFLEXIONES INTRODUCTORIAS
EN TORNO A LOS DESAFÍOS QUE
PLANTEA LA INTELIGENCIA
ARTIFICIAL EN EL MARCO JURÍDICO**

María Elena Colás Laguardia

CAPÍTULO 1

**ASPECTOS LEGALES DE LA NECESARIA SINERGIA
ENTRE LA INTELIGENCIA ARTIFICIAL Y EL
DESARROLLO DEL AUTOMÓVIL AUTÓNOMO**

Miguel Ángel Tenas Alós

CAPÍTULO 2
INTELIGENCIA ARTIFICIAL Y CREACIÓN ARTÍSTICA: PERSPECTIVA JURÍDICA EN EL ENTORNO AUDIOVISUAL

Sara Gutiérrez Pérez

CAPÍTULO 3
EL USO DE LA IA COMO MEDIDA DE PREVENCIÓN Y LUCHA CONTRA LA CORRUPCIÓN

Juan José Carrascón Concellón

CAPÍTULO 4

¿VULNERACIÓN DEL DERECHO A LA TUTELA JUDICIAL EFECTIVA CON EL USO DE LA INTELIGENCIA ARTIFICIAL (IA) LAW?

Ivana M.ª Larrosa Ibañez

REFLEXIONES INTRODUCTORIAS EN TORNO A LOS DESAFÍOS QUE PLANTEA LA INTELIGENCIA ARTIFICIAL EN EL MARCO JURÍDICO

María Elena Colás Laguardia

Introducción

Los recientes avances técnicos en materia de inteligencia artificial, especialmente en lo que se refiere al procesamiento del lenguaje natural y a la Inteligencia Artificial Generativa, han despertado la curiosidad del ciudadano medio. Y, si este quiere saber, los expertos adquieren el deber (intrínseco o extrínseco) de informar.

Este proceso de acercamiento de cuestiones técnicas al lego encuentra, sin duda, problemas de pérdida de información o de confusión. Así, nos llega información sobre lo que fue, lo que es y lo que podría —o no podría— llegar a ser, pero de modo impreciso, con cuestiones elementales entremezcladas. En este sentido, resulta especialmente clarificadora la distinción conceptual tripartita entre Inteligencia Artificial Débil, Inteligencia Artificial Fuerte y Súper Inteligencia Artificial. Respectivamente, serían lo que la Inteligencia Artificial es (incluido lo que fue, que la posibilita), lo que podría llegar a ser (como hipótesis más filosófica que real) y lo que no puede llegar a ser (al menos, con el conocimiento actual, de modo que resulta más propio de la ficción).

Distinción entre Inteligencia Artificial Débil, Inteligencia Artificial Fuerte y Súper Inteligencia Artificial

De manera algo más concreta, la Inteligencia Artificial (en adelante, IA) Débil está constituida por sistemas diseñados para realizar tareas específicas; lo que entendemos más relevante es que no posee conciencia ni intención. La IA Fuerte es capaz de razonar, aprender y adaptarse a funciones que realizaría el ser humano y que se entenderían como labor intelectual. Por lo que respecta a la conciencia e intención, diríamos que sí comprende conceptos abstractos, pero no podemos afirmar que sienta o tenga voluntad: es una inteligencia enfocada a funciones generales. En tercer lugar, la Súper IA es una mera hipótesis que imagina una inteligencia tal que superaría incluso la inteligencia humana; no podríamos afirmar que sintiese o tuviese voluntad del modo que la tiene el ser humano, pero sí podría simular intenciones.

Percepción social y temporalidad

Esta distinción es muy relevante para tranquilizar al ciudadano que vive en esta sociedad del miedo y que parece emplear los sentidos en la percepción de lo no deseado con objeto de eliminarlo, y el tiempo del pensamiento en la creación de futuribles catastróficos que trata de evitar a toda costa. Temporalmente, lo que ocurrió en el pasado únicamente parece llevar al debate cuestiones que puedan afectar al futuro; por ende, es este, y no aquel, el que preocupa, al menos de momento. El presente genera alguna duda, no únicamente por lo que ahora puede afectar, sino más bien por su conexión más estrecha con el futuro, ya que resulta complejo tratarlo como cosa diferente que como un futuro especialmente próximo. El presente, como lo que acontece en este momento, representa un espacio de tiempo difícil de delimitar, porque es tan fugaz que, en cuanto uno lo piensa, se ve evaluando el segundo que acaba de pasar o preparando el siguiente. Como quiera que seamos incapaces de predecir el futuro, nos genera una mezcla de desconfianza y curiosidad. Y de ellas nacen diferentes escenarios: el de la responsabilidad o castigo, el de la prevención y el de la oportunidad o expectativas (vuelo de la creatividad).

Beneficios y riesgos de la IA

Pasamos, en este momento, a evaluar argumentos que se refieren a posibles riesgos de la inteligencia artificial y a la prevención que podríamos llevar a cabo para evitarlos, así como a las oportunidades que esos escenarios de riesgo pueden generar. Queremos rescatar el diálogo como forma de creación de conocimiento y de su exposición.

De hecho, este es precisamente el primer argumento en favor de la inteligencia artificial, ya que facilita la conversación entre la persona concreta que utiliza esta herramienta y la herramienta en sí, que no hace sino rescatar conocimiento adquirido de textos de otros seres humanos con los que sería difícil entablar este diálogo, bien porque no podemos acceder a ellos en tiempo y forma, bien porque no lo desean.

Podremos así dejar volar el pensamiento y el alma, ya que la parte mecánica —como, por ejemplo, la de la escritura ordenada— la hará la inteligencia artificial. Si es preciso para cumplir con los estándares y las normas esencialmente formales de la ciencia, podrá aportar la página y el volumen en que un autor, al que uno recuerda perfectamente, dijo tal o cual argumento, pudiendo así disfrutar de la aportación de ese argumento de autoridad, que termina siendo muchas veces lo que limita la creatividad. No ya por la necesidad de leer a esas autoridades, que no es sino un placer, sino por la obligatoriedad de ubicar el espacio exacto en el que otros podrán encontrar estas palabras dichas por el autor.

Asimismo, esta necesidad de buscar y contrastar si este argumento realmente lo dijo tal o cual autor tampoco justificará la obligatoriedad de dejar constancia expresa de en qué lugar se encontró el argumento, porque la propia inteligencia artificial es capaz de ubicarlo. Esa redacción perfecta, esa palabra exacta, ese formalismo que requiere el método (que muchas veces, más que ordenar y dar sentido, encorseta la creatividad de quienes sienten ese método como ajeno a su estilo o que no lo necesitan) para poder ser considerados dignos de ser incluidos en la ciencia, la encontrará la inteligencia artificial. Y, en caso de que sus elecciones no nos parezcan adecuadas, siempre tendremos la oportunidad de corregirlo y de corregirnos, ya que esa ulterior lectura servirá, sin duda, tanto para la revisión de cuestiones de forma que haya realizado la IA como para cuestionar nuestros propios argumentos, puesto que lo leeremos como si lo hubiera escrito alguien externo. Lo que nos traslada de nuevo al primero de nuestros argumentos: la facilitación de la conversación.

Estos beneficios entrañan riesgos. El primero de ellos es la dificultad de atribuir la creación a un sujeto concreto. Recuperamos así la tradicional dicotomía entre la necesidad de inmortalidad del hombre concreto y la búsqueda de la verdad en sentido amplio para la colectividad. A quien estas cuestiones expone, le resulta ciertamente curiosa la tendencia a publicar en abierto los textos y creaciones o averiguaciones de los científicos, y su coexistencia con la demanda cada vez más estricta de citas a los autores que dejaron por escrito tal o cual idea. Parece que se pretende encontrar un punto intermedio entre la necesidad de la persistencia y la perdurabilidad de la persona concreta con la necesidad de generar un conocimiento ya útil, ya absolutamente real para la colectividad. Entendemos que el recuerdo de los autores que por algún motivo destaquen vendrá no por la constante cita de los científicos, sino por la inmortalidad de sus ideas o descubrimientos, que de ninguna manera podrán disociarse de su autor, pues todos querrán mencionar a esta autoridad con peso suficiente como para dotar de fuerza al argumento propio. La reciente necesidad de citar incluso por las propias ideas que emergen de uno, en caso de que otros ya las hayan expuesto, resulta extenuante.

Dilemas éticos y epistemológicos

Otra cuestión que hemos mencionado en el argumento anterior es aquella que confronta la búsqueda de la verdad en sentido amplio con la necesidad de utilidad. En algunos casos no se busca la verdad, sino que se extrae una parte de ella que resulte útil, aunque sea imprecisa. Es como si el fin justificara los medios. En el prólogo del traductor don Luis

Legaz Lacambra al texto *Filosofía jurídica y social* de Wilhelm Sauer, Legaz Lacambra pone en valor el sentido práctico del texto de Sauer hasta el punto de atribuir a ese sentido la transformación de un texto «puramente intelectual» en uno «humano», con «calor vital». La defensa que hace Legaz Lacambra de esta utilidad obliga al autor a exponer que la idiosincrasia de cada pueblo exigirá adaptar los argumentos; en este caso, expone que el pueblo español difiere del alemán, por lo que el texto de Sauer deberá ser atendido con curiosidad, pero jamás incluido en su literalidad en el quehacer español.

A modo de ejemplo, he encontrado una frase que circula por las redes sociales: «somos huéspedes temporales de instantes que se desvanecen». El hecho de que sea compartida a través de una red social hace que gran cantidad de personas puedan llegar a leer esta frase, que si quedase recogida en un texto académico probablemente nunca aprehenderían, porque el lenguaje resulta tan ajeno que dificulta su comprensión y disuade de cualquier intención de lectura. Es decir, en términos de utilidad, si lo pretendido es hacer llegar la verdad o mover a la acción de las personas, la falta de método resulta mucho más útil, aunque exista el riesgo de su falta de veracidad.

Impacto en la experiencia humana

Otra cuestión relevante es aquella que expone el riesgo de la pérdida de control sobre la inteligencia artificial. Recuerda a la idea de la creación del hombre a imagen y semejanza de Dios. Tememos los hombres que la inteligencia artificial, creada para realizar los procesos humanos, termine comportándose realmente como un ser humano, tanto en los aspectos que podríamos entender positivos —y de este modo el hombre termina siendo prescindible— como en aquellos que entendemos negativos, toda vez que esta inteligencia artificial podría intentar dominarnos o realizar acciones que nos perjudiquen. Queremos que la inteligencia artificial esté siempre a nuestro servicio, realizando las tareas que nosotros no queremos o no podemos realizar, pero en modo alguno queremos ser sustituidos por ella, ya que, por encima de todo, lo más importante para el hombre es su propia existencia y la existencia de su especie, así como su posición dominante. Asignamos así la posibilidad de que la Inteligencia Artificial adquiera una suerte de conciencia, pero también entendemos que esos efectos perjudiciales para la humanidad puedan producirse por un error de la IA, ya que, como ha sido creada por el hombre, es falible.

La necesidad de adaptación, de mantener una posición dominante, exige la aceptación de ciertos peligros, postura difícilmente compatible con esta sociedad del riesgo, que pretende anticiparse y evitar cualquier situación no deseada, que no acepta el dolor como parte del proceso, que lo evita a toda costa y le teme como a nada. En Mateo 10:34-39: «No penséis que he venido a la tierra a sembrar paz: no he venido a sembrar paz, sino espada. He venido a enemistar al hombre con su padre, a la hija con su madre, a la nuera con su suegra; los enemigos de cada uno serán los de su propia casa. El que quiera a su padre o a su madre más que a mí, no es digno de mí; el que quiera a su hijo o a su hija más que a mí, no es digno de mí; y el que no carga con su cruz y me sigue, no es digno de mí. El que encuentre su vida la perderá, y el que pierda su vida por mí la encontrará».

Esto nos conduce a otra cuestión: la sociedad que entiende el placer y el bienestar como absolutamente imprescindibles en todo momento, que se mantiene en «hiperalerta» para evitar el dolor, la muerte y la enfermedad, en los que cae, contradictoriamente, por esa búsqueda de su evitación. Esto, unido a los riesgos de incluir en la definición de eficiencia la variable del tiempo, así como la preponderancia y el prestigio de la vida activa y el desprestigio de la contemplación, encamina a la humanidad a moverse sin descanso en la realización de tareas mecánicas que la IA puede realizar. Por esto nos preocupa tanto su inclusión y aceptación: porque es capaz de vaciarnos, de convertirnos en absolutamente innecesarios, ya que estamos cayendo en un mecanicismo más superficial posible arrastrados por la prisa, obviando la acción útil o encaminada a la verdad necesitada de cierta reflexión o contemplación que serían más difíciles de suplantar. Que la IA nos sustituya, como es evidente, genera el dolor de la pérdida de sentido de nuestra propia existencia, porque elimina la utilidad de nuestras acciones (o de su ausencia llegado el caso, entendido el reposo como útil para la acción que produce). Esta culpa por no ser productivo, este miedo al desprestigio social, unido a la falsa creencia de predictibilidad y de control del curso causal por medio de nuestras acciones, resulta un elemento distorsionador de la paz interior. No ayuda en modo alguno que la evidencia de la verdad absoluta nos lleve a tener que aceptar la improbabilidad de la producción de sueños difíciles, porque el hombre necesita creer: vivir en la incertidumbre de no conocer el proceso es lo que nos mantiene expectantes y con cierto sentido. Si pudiésemos recorrer mentalmente cada segundo de nuestras vidas sin poder alterarlo a su llegada, ¿quién querría repetirlo? Es una eterna contradicción, pero entendemos que es precisamente esa incertidumbre la que nos permite avanzar.

La realización por la IA de las tareas consideradas simples es positiva en muchos aspectos, desde la optimización de los procesos hasta la facilitación de la realización de estos a personas con distintas capacidades, sin embargo, su privación no siempre podemos entenderla como algo positivo. Cada individuo debe ser consciente de que delegar constantemente las tareas simples, ya sea en la IA o en terceros, le priva de los beneficios de su realización. Busca el hombre actual en la meditación y en el *mindfulness* sentir y ser consciente del momento presente, del que te alejan las actividades del pensamiento que entendemos como complejas, pues requieren la presentación de hipótesis y su refutación en muchos casos, lo cual nos obliga a mantenernos en un futurible imposible de predecir. Pero con la sensación de que somos capaces de anticiparnos a cualquier imprevisto, ya que este proceso, en cierta medida contemplativo, nos facilita resolver problemas y evitar la producción de algunos, volviendo al pasado para anticipar el curso causal posible. Sin embargo, la falta de presencia impide el verdadero proceso contemplativo, que debe existir sin intención de utilidad. Así como crecer y alcanzar una visión transversal del mundo, ya que las tareas que no nos gustan o se nos dan peor las delegaremos en la IA. Es más, para delegar, es importante saber desarrollar la tarea que nos era propia y que entregamos a otro, puesto que no seremos capaces de supervisar su realización con la pericia necesaria, y los errores nos pasarán desapercibidos.

En conclusión, si bien la colectivización del uso de ciertas herramientas propias de la IA presenta un escenario nuevo, entendemos que este no debe abordarse con temor sino con curiosidad. Conscientes de que podemos anticiparnos a algunos riesgos y, qué duda cabe, tratando de que no se lleven a término los más perniciosos, pero sin permitir que gocen de ese adjetivo cualquier tipo de incomodidades o incertidumbres.

Para realizar un análisis desde una perspectiva eminentemente jurídica, se ha llevado a cabo un estudio minucioso por cada uno de los autores que han participado en esta obra, y que han expuesto en los capítulos que figuran a continuación de los que pasamos a realizar una breve aproximación.

El Prof. Dr. Miguel Ángel Tenas Alós coinvestigador Principal del Grupo Economius-J presenta el capítulo intitulado «Aspectos legales de la necesaria sinergia entre la inteligencia artificial y el desarrollo del automóvil autónomo». En este, el autor, lleva a cabo un profundo análisis técnico jurídico sobre los retos, implicaciones y perspectivas del uso de inteligencia artificial (IA) en el ámbito de la conducción autónoma.

Su estudio parte de la constatación de que la IA no es una herramienta complementaria, sino el núcleo funcional de esta nueva generación de vehículos. A través de un recorrido exhaustivo por los niveles de automatización, los retos técnicos y las implicaciones legales, el autor plantea que la IA redefine el concepto de movilidad y exige una revisión profunda del marco normativo, especialmente en lo relativo a la responsabilidad civil, la protección del consumidor y la competencia. El texto destaca la necesidad de una regulación clara que delimite los derechos y obligaciones de fabricantes, desarrolladores de software y usuarios, en un contexto donde la autonomía tecnológica aún no ha alcanzado su madurez. Además, se advierte sobre los riesgos de opacidad, sesgo algorítmico y manipulación comercial, proponiendo una reflexión crítica sobre el equilibrio entre innovación y seguridad jurídica.

Por su parte, Sara Gutiérrez Pérez bajo el título «Inteligencia artificial y creación artística: perspectiva jurídica en el entorno audiovisual» analiza cómo la inteligencia artificial (IA) está transformando el mundo artístico y audiovisual, y plantea los retos jurídicos que surgen en torno a la autoría, originalidad y protección de las obras generadas o asistidas por la IA, especialmente desde la perspectiva del Derecho de la Propiedad Intelectual.

Su texto plantea un dilema fundamental: ¿puede una obra generada por IA ser considerada verdaderamente artística y, por tanto, protegible jurídicamente? A través del análisis del marco normativo español y europeo, la autora distingue entre obras AI-generated (creadas autónomamente por IA) y AI-assisted (con intervención humana significativa), defendiendo que solo estas últimas pueden acogerse a la protección del derecho de autor. El capítulo examina casos concretos en la industria audiovisual, como la escritura de guiones, la composición musical o el diseño de vestuario, y plantea los problemas derivados de la atribución de autoría, la cesión de derechos y la vulneración de derechos morales. La autora concluye que, ante la ausencia de una regulación específica, es urgente repensar los conceptos de originalidad, creatividad y autoría en el contexto de las nuevas tecnologías, para evitar que las obras generadas por IA queden fuera del ordenamiento jurídico.

Finalmente, el Prof. Dr. Juan José Carrascón Concellón bajo el título «El uso de la IA como medida de prevención y lucha contra la corrupción» propone una reflexión profunda sobre el uso de la inteligencia artificial como herramienta de prevención y lucha contra la corrupción, especialmente en el ámbito de la Administración Pública.

Su texto parte de una exposición y delimitación detallada del fenómeno de la corrupción, tanto desde una perspectiva temporal (a partir de una contextualización histórica) como normativa, y expone las dificultades para definirla de forma unívoca. Evidenciada esta complejidad, el autor explora cómo la IA puede contribuir a detectar irregularidades en procesos como la contratación pública, el urbanismo o la gestión financiera, mediante el análisis de grandes volúmenes de datos y la identificación de patrones sospechosos. No obstante, advierte que el uso de IA en este contexto plantea riesgos éticos y jurídicos, como la afectación a la privacidad, la oscuridad en la toma de decisiones y la posibilidad de que los algoritmos sean manipulados. El autor, defiende que la transparencia, la trazabilidad y la auditabilidad deben ser pilares fundamentales en la implementación de sistemas de IA en el sector público, y propone una regulación que garantice la supervisión humana y la rendición de cuentas. En definitiva, su texto plantea que la IA puede ser una herramienta de prevención contra la corrupción, pero solo si se inserta en un marco normativo sólido y éticamente responsable.

CAPÍTULO 1

ASPECTOS LEGALES DE LA NECESARIA SINERGIA ENTRE LA INTELIGENCIA ARTIFICIAL Y EL DESARROLLO DEL AUTOMÓVIL AUTÓNOMO

Prof. Dr. Miguel Ángel Tenas Alós

Coinvestigador Principal del Grupo Economius-J

Introducción

En los últimos años, la inteligencia artificial ha dejado de ser un concepto relegado a la ciencia ficción para convertirse en una de las tecnologías más disruptivas e importantes del siglo XXI. Sus aplicaciones se extienden a campos tan diversos como la medicina, las finanzas, la agricultura, la educación y, de manera especialmente significativa, al sector del transporte, tanto de pasajeros como de mercancías. En este contexto, el desarrollo del automóvil autónomo representa uno de los logros más ambiciosos de la ingeniería moderna, en el que convergen múltiples disciplinas tecnológicas. La inteligencia artificial ocupa un lugar central en esta evolución, ya que provee los algoritmos, modelos predictivos y capacidades cognitivas que permiten a los vehículos interpretar su entorno, tomar decisiones en tiempo real y aprender de la experiencia.

El automóvil autónomo tiene como objetivo desplazarse sin la intervención directa de un ser humano, utilizando una combinación de sensores, cámaras, radares, sistemas de posicionamiento global y, de manera crucial y aplicación más reciente, algoritmos de inteligencia artificial. Este tipo de vehículo debe ser capaz de reconocer señales de tráfico, predecir el comportamiento de peatones y otros vehículos, adaptarse a las condiciones del entorno, y resolver situaciones imprevistas, todo en fracciones de segundo. Para lograr tal nivel de autonomía, se requiere una capacidad de percepción, razonamiento y actuación que solo la inteligencia artificial puede proporcionar en la actualidad. Si bien nos encontramos lejos de solventar todos esos problemas, la inteligencia artificial deberá ser clave para ir superándolos si se consigue; cuestión distinta es si termina por optarse por un modelo de inteligencia artificial centralizada y común para todos los vehículos, o si se decide implementar una particular para cada automóvil, configurable, dentro de los parámetros legales, a los gustos y exigencias del usuario —que no conductor—.

Históricamente, la industria del automóvil ha sido un motor clave de la innovación tecnológica. Desde la introducción de la línea de montaje de Henry Ford hasta los sistemas avanzados de asistencia al conductor (ADAS, por sus siglas en inglés), el sector automotriz ha incorporado avances que luego se han difundido a otros ámbitos industriales. La llegada de la inteligencia artificial puede implicar un nuevo punto de inflexión.

Uno de los pilares fundamentales en los que se basa esta transformación es el aprendizaje automático, una rama de la inteligencia artificial que permite a los vehículos aprender patrones de comportamiento a partir de grandes volúmenes de datos[1]. Cada kilómetro recorrido por un coche autónomo puede generar terabytes de información que son procesados para mejorar la precisión del modelo y optimizar futuras

---

1. Un problema todavía difícil de soslayar son las excepciones, pues ni animales ni peatones actúan siempre dentro de los parámetros establecidos estadísticamente, y mucho menos sometidos a momentos concretos de estrés, como ante la inminente producción de un accidente.

decisiones. Diversas compañías están invirtiendo recursos considerables en entrenar estos sistemas, con la finalidad de aumentar progresivamente los niveles de autonomía establecidos por la Sociedad de Ingenieros Automotrices, que van desde el nivel 0 —ninguna automatización— hasta el nivel 5 —automatización total—.

Uno de los componentes críticos es la capacidad de razonamiento y toma de decisiones en tiempo real. Aquí resulta necesario el uso de modelos de inteligencia artificial, que se encuentran inspirados en la cognición humana. Estos sistemas permiten al vehículo evaluar opciones y actuar de forma autónoma en situaciones complejas. Por ejemplo, al enfrentarse a una intersección sin semáforo, el sistema debe evaluar el comportamiento de los vehículos circundantes, anticipar sus trayectorias, y decidir cuándo es seguro avanzar. Estas decisiones se realizan en milisegundos, y deben equilibrar factores de seguridad, eficiencia y confort.

No obstante, el camino hacia la autonomía total no está exento de desafíos, ni será tan rápido como algunos responsables han pretendido asegurar —de hecho, si todas las previsiones se hubieran cumplido, el automóvil autónomo sería una realidad hace tiempo y, sin embargo, nos encontramos lejos de esa posibilidad—. Existen aún barreras técnicas, éticas y legales que deben ser abordadas. Desde la interpretación precisa de comportamientos humanos impredecibles, hasta la resolución de dilemas morales en casos de accidentes inevitable. Además, la recopilación y procesamiento de datos personales suscita preocupaciones en torno a la privacidad y la ciberseguridad. La complejidad del entorno urbano, la variabilidad climática, y las diferencias normativas entre países añaden capas adicionales de dificultad al desarrollo y adopción global de esta tecnología.

En definitiva, la inteligencia artificial no es solo una herramienta complementaria, sino el núcleo funcional del automóvil autónomo. Su capacidad para dotar de «inteligencia» al vehículo redefine el concepto tradicional de movilidad. Lejos de tratarse únicamente de una evolución técnica, esta transformación apunta a un cambio de paradigma en nuestra relación con los medios de transporte.

I. Contextualización

En la actualidad, hay quien considera que nos encontramos en la cuarta revolución industrial (SCHWAB, 2016, pp. 16-23). El autor, no obstante, no se refería de manera única y exclusiva a la inteligencia artificial para entender el advenimiento de la antedicha nueva generación de la revolución. Para Schwab, esta revolución se compone de diversas tecnologías, cuya fusión e interacción a través de distintos dominios físicos, digitales y biológicos proporcionan una gran variedad de productos y servicios, constituyendo la inteligencia artificial uno de los más importantes.

La enorme importancia, tanto futura como ya presente, de la inteligencia artificial, ha permitido equipararla a uno de los desarrollos tecnológicos pasados que mayor impacto causaron en la sociedad, y que continúa siendo vital en el modo en que concebimos nuestra vida actualidad, como es la electricidad (JEWELL, 2019). Por supuesto, todo esto que ocurre en la actualidad no es sino la evolución de un largo proceso de desarrollo tecnológico.

Un proceso de desarrollo que todavía no ha finalizado, con diversos expertos realizando los avances, al tiempo que parecen querer adoctrinar a la sociedad en vías a un peligro mortal de la inteligencia artificial; cuestión que, si realmente creyesen, implicaría automáticamente el cese por su parte de estas evoluciones, salvo que también estén diseñando el modo de contrarrestarla, y aparecer después como héroes que contribuyeron al mantenimiento de la sociedad, a cambio de un lucrativo montante económico.

La expresión que aludió por primera vez a la inteligencia artificial —cuando la humanidad se encontraba todavía muy lejos del punto de desarrollo de esta tecnología del que disponemos actualmente— se introdujo inicialmente por el informático John McCarthy en 1956, durante la celebración de un seminario que él mismo organizó en el Dartmouth College de Nueva Hampshire, Estados Unidos (RUSSEL y NORVIG, 2016, p. 17). No obstante, el aprendizaje de las máquinas fue teorizado con anterioridad por TURING (1950), que basaba el aprendizaje de las máquinas en un modelo similar al aprendizaje humano. Para esta afirmación, publicó un test en el cual modificaba el punto de partida, eliminando la cuestión de si las máquinas podían pensar, sustituyendo la pregunta por una prueba escrita en la que la máquina se haría pasar por un humano. Dicha prueba se consideraría superada cuando el evaluador no fuera capaz de distinguir si la conversación escrita estaba produciéndose con una persona humana o con una máquina dotada de inteligencia.

Debe advertirse al lector que la controversia siempre ha existido respecto a este campo, pues la inteligencia humana, que es el punto de partida sobre el que se desarrollaba la prueba, no es sino solo uno de los diversos tipos de inteligencia existentes. La doctrina ha ofrecido una interesante analogía al respecto (Russel y Norvig, 2022), señalando que los ingenieros, cuando estaban desarrollando y perfeccionando el vuelo, no consiguieron resultados aceptables imitando a los pájaros, sino estudiando los principios de la aerodinámica, para la consecución del que podría denominarse vuelo artificial.

Al margen del encuadre tecnológico, existe otro más teórico, en función de su potencialidad cognitiva y social. Ahí aparece la diferenciación entre inteligencia artificial fuerte y débil, en la que no ahondaremos en este trabajo. La fuerte tendría consciencia de su propia existencia. Llegados a ese punto[2], cabría plantearse conflictos éticos y jurídicos de mucha mayor relevancia, situación en la que ya están trabajando algunos teóricos y que, sin lugar a dudas, resulta sumamente importante, con enormes connotaciones, en función de la conclusión alcanzada, sobre muchas ramas, incluida, por supuesto, el Derecho.

---

2. No existe unanimidad en establecer cuándo podría llegarse a esto por parte de los expertos, si bien los mismos afirman que se alcanzará, y que todavía no hemos logrado este punto. Si el lector dese cifras más concretas, estas se sitúan en el 50 % de posibilidades de alcanzar esto en un período temporal comprendido entre 2050 y 2060, y apenas un 10 % de probabilidades de ocurrir tal fenómeno antes de 2030. Los expertos asiáticos esperan que se produzca aproximadamente para 2050, siendo más escépticos en Estados Unidos, al considerar que se conseguiría en 2090 (Grace et al., 2018, pp. 1-2).

La evolución de la inteligencia artificial en los últimos años ha resultado notable, implicando una gran cantidad de retos, que también afectan, no ya en clave de futuro como hemos señalado, sino también en el presente, al Derecho. Los legisladores están ya comenzando a trabajar en los textos legales que regularán en el futuro esta tecnología, incluso en lo referente a la influencia de la misma en las organizaciones, entendidas estas como empresas o como instituciones de carácter más filantrópico, como asociaciones o fundaciones. De hecho, algunas de las organizaciones punteras respecto a inteligencia artificial, especialmente en Estados Unidos, están configuradas legalmente como entidades sin ánimo de lucro, lo que les impide mercantilizar algunos de sus servicios. En la actualidad, como algunos estudios demuestran, los reparos legales no están suponiendo hasta el momento un freno significativo para esta expansión (CAM, CHUI y HALL, 2019).

En el presente, se entiende que existen varios desafíos planteados por la inteligencia artificial en múltiples frentes, como por ejemplo en el campo de los consumidores y usuarios —a la sazón, adquirentes de automóviles lo son también—, pero por supuesto los retos y desafíos existen en muchos más ámbitos. Así, además de destacarse diversos problemas respecto a la posibilidad de existencia de discriminación o inexistencia de privacidad, la Organización Europea de Consumidores indica otras importantes cuestiones a considerar (BEUC, 2018, pp. 5-10), que afectan igualmente al comportamiento de las distintas organizaciones.

Como primera cuestión a considerar, el BEUC señala la existencia o producción de asimetrías de poder, que sitúan al consumidor en situación de manifiesta desventaja, a la vista del exceso de información que una empresa u organización puede adquirir en virtud del algoritmo inteligente, o incluso de la falta de habilidades digitales de muchos consumidores, especialmente aquellos que por sus conocimientos o características resulten más vulnerables. No señalaremos ningún rango de edad al respecto, pues existen personas que continúan aprendiendo nuevas cuestiones relacionadas con la tecnología u otras temáticas durante toda su vida. Pero esta desigualdad implica, en la práctica, una teórica notoria ventaja para las distintas organizaciones y compañías que ofertan sus productos en el mercado.

Otro de los problemas destacados por el BEUC se refiere al confinamiento digital de grupos de mayor o menor número de consumidores en las plataformas de organizaciones poderosas. Estas últimas podrían servirse de sistemas inteligentes para impedir o pretender impedir la movilidad del consumidor hacia otras compañías que, incluso, podrían adaptarse mejor a sus necesidades reales.

Como última cuestión que reseña el BEUC, se alude a la posibilidad de existencia de discriminación por precio por parte de la inteligencia artificial, pues existiendo la posibilidad de búsqueda de precios en línea y de comparación con otras búsquedas realizadas por el consumidor mediante internet, el sistema se encontrará en condiciones de determinar con exactitud el precio que dicho consumidor estará dispuesto a pagar por algún producto o servicio, no ofreciéndole información de opciones que económicamente se sitúen por debajo del baremo marcado por el propio consumidor, pero descartándolas por decisión propia de la inteligencia artificial, y no por elección voluntaria del propio consumidor.

Esta última preocupación sería semejante al actual ajuste algorítmico de precios[3], por el cual el sistema tiene a igualar los precios en su parte superior, pudiendo incluso responder a algún tipo de acuerdo colusorio contrario a la competencia. Esto implicaría otra importante ventaja para la organiza-

---

3. Dicho sistema algorítmico, no obstante, sigue unos parámetros de inicio y funcionamiento distintos, ya que no ajusta, al alza, los precios en función de la capacidad económica de los interesados, como realizaría la inteligencia artificial, sino que eleva los precios en función del interés mostrado por los consumidores. Este interés se mide de manera subjetiva, ya que se entiende como tal, en estos programadas, que el interés es mayor cuantas más veces se consulta el precio de algún servicio en internet. Evidentemente, la práctica cotidiana demuestra que esto no tiene por qué ser así, ya que la consulta continua de los precios puede significar indecisión, olvido de las tarifas consultadas o la mera intención de revisar la agenda personal y profesional para verificar la compatibilidad de las fechas de entrega o realización seleccionadas respecto al producto o servicio a contratar.

ción, si bien dependería de la programación realizada por ella misma, pues la inteligencia artificial no dispondría de independencia, al menos inicialmente, para la toma de decisiones de modo unilateral.

No obstante, no todos los expertos en la disciplina defienden la producción de estos efectos perversos. En sentido contrario se posiciona el *CENTER FOR DATA INNOVATION*. Dicha institución asegura que la discriminación por precio puede llegar a ser beneficiosa para el consumidor, ya que también puede operar a la baja. Así, en función de la información adicional que el algoritmo proporciona, las plataformas tenderán a cobrar precios mayores a los consumidores cuya demanda es inelástica, pero estarían por el contrario incentivadas a bajarlos respecto de aquellos consumidores más sensibles al precio, que son por cierto los de menores ingresos. Esto implicaría cierta desventaja potencial para las organizaciones, pues implicaría cierta rivalidad respecto a ofrecer mejor precio, lo que en esencia busca el derecho de la competencia. No obstante, la afirmación de este centro parte de una premisa que las organizaciones no tienen siempre por qué aceptar; ya que pueden haber establecido un precio mínimo, que sería el de consulta, y permitir únicamente que se mantenga estable o al alza.

II. Concepto de inteligencia artificial

Cuestión sumamente importante consiste en establecer cuál es la adecuada definición para el término de inteligencia artificial. Debido al tiempo que todavía falta para la entrada en vigor del Reglamento de Inteligencia Artificial, antes de aludir directamente al concepto que recoge el mismo, conviene señalar cuál es la definición que otorgan al concepto los expertos en la actualidad.

Una de las definiciones más aceptadas en la actualidad es la que indica que, al referirnos a inteligencia artificial, estamos aludiendo a un sistema artificial que interactúa de manera autónoma y flexiblemente con su entorno, de manera apropiada para sus circunstancias y sus metas, aprendiendo de su experiencia y tomando decisiones apropiadas dadas sus limitaciones perceptuales y computacionales (Poole, Mackworth y Goebel, 1998). La definición, no obstante, resulta problemática, pues existen muchos conceptos interpretables en la misma, tales como la interacción de manera autónoma, la manera flexible, lo apropiado que sea su comportamiento para sus circunstancias, así como también para, las metas perseguidas, el aprendizaje de la experiencia de la propia inteligencia artificial y la toma apropiada de decisiones para las limitaciones que tenga.

Demasiadas variables, en resumen, para poder considerarse solventada la cuestión planteada. Cierto resulta que, cuando más moderna es la tecnología o aplicativo sobre el que se establece una definición técnica, más compleja resulta, y termina por simplificarse conforme dicha tecnología queda establecida. En el mismo sentido, también se eleva la complejidad cuando la definición que establece una rama —el Derecho, en este caso— se encuentra alejada del objeto analizado —la tecnología de inteligencia artificial, en nuestro supuesto—.

La primera de las cuestiones objeto de análisis se refiere a la interacción de manera autónoma. Esto implica la posibilidad de realización de algún trabajo o tarea con total independencia. Ello supone, por su propia definición, la imposibilidad de subordinación a cualquier persona o programa, pues de lo contrario no existiría la autonomía real. No obstante, tal consideración debería resultar imposible en aras de la seguridad.

Sin entrar en la consideración de la propia programación, que encorseta el concepto de libertad e independencia, parece complejo determinar en la actualidad una actuación por completo autónoma de una máquina dotada con inteligencia artificial, dado que son supervisadas en todas las tareas que realizan —como en la conducción de automóviles autónomos— o controladas por programas de seguridad que impiden que realmente tengan la capacidad de actuar con plena libertad.

Respecto a la interacción de manera flexible, puede referirse una problemática semejante a la referenciada en el supuesto anterior, especialmente porque requiere, en primer lugar, la existencia de auténtica autonomía en la actuación, lo que no parece acorde a la situación actual. Pero puede resultar más grave, pues si acudimos a la definición del concepto *flexible* que ofrece la Real Academia de la Lengua Española, puede observarse que la acepción que mejor encaja con la definición ofrecida indica que debe entenderse por flexible aquello que «*se adapta con facilidad a la opinión, a la voluntad o a la actitud de otro u otros*».

Evidentemente, siguiendo la lógica de la definición planteada, no cabe esperar que deba influir en la opinión de una máquina dotada de inteligencia artificial lo que un simple sujeto le plantee, pues la máquina dispondrá de mayor capacidad de información y de análisis de datos, que serán —deberían ser—, en puridad, conforme a los que *desarrolle* su opinión. Tampoco debe entenderse como la absoluta sumisión de la máquina respecto a los caprichos o deseos humanos, pues estos podrían ser peligrosos para otros seres humanos. Debería entenderse conforme a la última parte de la definición del concepto de *flexible*, respecto a la capacidad de adaptación a la actitud de otro u otros, o su actuación.

Así, en función de las circunstancias, si nos encontrásemos circulando en un automóvil autónomo, —por tanto, un vehículo que dispondría de inteligencia artificial en un grado de desarrollo importante—, y las circunstancias del tráfico variasen, se adaptaría automáticamente a las mismas.

Una situación de la conducción que resulta más peligrosa se produce cuando, circulando por la carretera, un vehículo invadiera nuestro carril de forma sorpresiva, apenas unos metros por delante de donde nos encontramos. El propio coche, por sí mismo, resultaría capaz de adaptarse a las circunstancias, bien accionando el freno o, si sus cálculos determinasen que no resultaría suficiente para evitar la colisión dicha actuación, con el giro del volante para esquivar al otro vehículo.

Si un animal irrumpiese en la vía, la situación sería idéntica, salvo que debería existir también la opción de impactar contra el mismo si ello supone el menor daño a los ocupantes del automóvil.

Cuestión distinta es quién sería responsable en caso de accidente, pues algunos países señalan al fabricante y, otros, al desarrollador del software —otros muchos apuntan, por el momento, al propio conductor, al no reconocerse la conducción autónoma—.

Respecto al comportamiento apropiado para sus circunstancias, dicha cuestión mucha similitud con el supuesto anterior. Distinto resultaría la correcta definición de cuáles son esas circunstancias. No puede exigirse lo mismo a una inteligencia artificial muy sencilla, que a otra de carácter más complejo y, por supuesto, no tendrán tampoco como misión la consecución de los mismos objetivos. Así, pues, la complejidad de determinación de cuáles son sus circunstancias implicará un problema cuya solución únicamente será casuística, debiéndose analizar de manera específica.

Lo apropiado del comportamiento deberá obedecer a una lógica de programación, pero también ahí influirá la capacidad de adaptación, siendo lo idóneo una programación abierta que le permita flexibilizar su postura tanto ante, por ejemplo, un ciudadano oriental como frente a uno europeo, cuyas premisas sociales y comportamientos acostumbran a ser notablemente distintos.

Debe advertirse, por supuesto, de la dificultad de la existencia de programación abierta. No solo porque las compañías deberían revelar el código fuente —lo que no resulta habitual—, sino también porque existirían numerosos usuarios que intentarían *mejorar* dicho código —seguramente, empeorándolo—, o incluso piratas informáticos que tendrían como intención dificultar la realización de la propia conducción, incidiendo en la seguridad de la circulación. Ello conllevaría complejas cláusulas para los seguros, por ejemplo, y también dificultades importantes para el establecimiento de responsabilidades. Probablemente, la responsabilidad final recaería en los propietarios de los automóviles, que desconocerían en la mayoría de ocasiones el funcionamiento de los sistemas de conducción autónoma[4].

---

4. Ello podría ayudar a la proliferación de más sistemas de automóvil compartido, en los que el propietario puede ser un profesional o una

En lo concerniente a un apropiado comportamiento para sus metas, la cuestión fundamental que debe analizarse es cuáles son dichas metas. Si nos referimos, por ejemplo, a un automóvil autónomo, debería especificarse un orden de prioridades. En primer lugar, puede realizarse un breve repaso a qué se considera contrato de transporte, bien de mercancías o pasajeros, para un correcto establecimiento de dichas prioridades.

En este sentido, la Ley 15/2009, de 11 de noviembre, del contrato de transporte terrestre de mercancías[5]. La misma señala, en su artículo 2, que el contrato de transporte terrestre de mercancías queda definido como *«aquél por el que el porteador se obliga frente al cargador, a cambio de un precio, a trasladar mercancías de un lugar a otro y ponerlas a disposición de la persona designada en el contrato»*.

Si nos circunscribimos únicamente a esta cuestión, la obligación básica —y exclusiva— de la inteligencia artificial resultaría permitir la entrega de dichas mercancías lo que, evidentemente, no resulta suficiente en la práctica. Debe, en primer lugar, entenderse que el porteador, quien se encuentra obligado a la puesta a disposición de la mercancía al receptor, sería el responsable de cualquier tipo de incumplimiento producido por un mal funcionamiento de la inteligencia artificial que operase el vehículo, si nos encontrásemos frente a un automóvil de reparto de mercancías autónomo.

Además, por supuesto, debería circular según la normativa, respetando las señales de tráfico y directrices de circulación. Aún más compleja sería la cuestión del transporte de pasajeros, pues a todo lo anterior habría que incluir también

---

compañía dedicada a esta actividad, que tendrían que ser los garantes del correcto funcionamiento del automóvil y de la idoneidad de su código de programación. Ante adulteraciones del mismo, intencionadas o no, este propietario sería el responsable de la producción de algún accidente o percance. En la actualidad, ya existen numerosas iniciativas para compartir vehículo, o compañías automovilísticas que solo permiten el uso de sus vehículos en régimen de alquiler, pero no de propiedad —como es el caso de la firma Lynk & co—.

5. Ley 15/2009, de 11 de noviembre, del contrato de transporte terrestre de mercancías, publicada en el *Boletín Oficial del Estado* núm. 273, de 12 de noviembre de 2009, pp. 94903-94930.

la necesaria seguridad para los transportados, que se convertiría en la principal medida a adoptar. Si ya resulta fundamental la garantía sobre un adecuado transporte de la mercancía, mucha mayor relevancia adquiriría el transporte de pasajeros en este sentido.

Cuestión igualmente importante es la referida al aprendizaje respecto a su experiencia, encontraríamos que la evolución de cada inteligencia artificial, incluso la evolución de cada inteligencia artificial incorporada a cada aparato que dispusiera la misma, resultaría distinta, lo que implicaría incluso la existencia de consumidores de primera y segunda categoría, en función del desarrollo que pudieran comprar de inteligencia artificial.

Dicha problemática, respecto a la existencia de brechas en el acceso a inteligencia artificial, ya está existiendo, con cuestiones tan económicas —en comparación con la tecnología necesaria para la conducción autónoma— como los chats dotados con inteligencia artificial o los buscadores. La diferencia, aquí, radica no ya solo en la seguridad de quienes podrían pagar menos, sino en que realmente afectaría a todos los usuarios, pues un vehículo con inteligencia artificial menos desarrollada también estará en circulación y supondrá una mayor propensión a la comisión de errores[6].

---

6. Ello nos llevaría a otra problemática, cuál sería la existencia, al tiempo, de automóviles dotados de conducción autónoma de mayor o menor nivel, y automóviles que carecerían por completo de conducción autónoma. Seguramente, convivirían un tiempo y, posteriormente, terminarían por prohibirse los automóviles que no dispusieran de conducción autónoma para, unos años después, impedirse también la circulación en modo manual de aquellos automóviles que dispusieran de distintos modos de conducción, tanto autónoma como la tradicional. Esta disrupción tecnológica y adecuación a los tiempos mediante prohibiciones no resultaría nueva, ni en el ámbito jurídico o social, ni en el automovilístico. En el último campo reseñado, basten dos ejemplos, en tiempos muy diversos. El más reciente estamos sufriéndolo actualmente, como es la posible prohibición de venta de automóviles nuevos de combustión interna en el año 2035, con la intención de prohibir su circulación a partir del año 2050. El segundo ejemplo sucedió en los inicios del automóvil, cuando su convivencia con el caballo —al que vino a sustituir— comenzó a ser dificultosa, y terminó optándose primero por la separación y, después, por la prohibición de circulación en animales en las mismas vías que los automóviles. Como superviviente de esta época, puede reseñarse la todavía actual señal

Está demostrado, en seres humanos, que las experiencias vividas influyen en miedos o traumas, y los éxitos cosechados permiten una menor aversión al riesgo en algunas personas[7]. La experiencia y capacidad devendrían, inicialmente, configuradas de fábrica, el problema es en qué nivel y cuánto se permitiría la configuración para la conducción del sistema. En cambio, si no hubiera configuración estándar, ello implicaría que cada producto fuera aprendiendo en base a sus experiencias, lo que contribuiría a adoptar un estilo, si nos referimos a vehículos autónomos, más arriesgado o más cauto, cuando realmente lo idóneo sería que la configuración resultara posible, dentro de unos límites marcados por fábrica, a criterio del comprador. Podría, incluso, llegarse a un punto ilógico de alcanzarse pleno aprendizaje basado en la experiencia de la inteligencia artificial, como sería la existencia en circulación de vehículos autónomos cuya conducción reflejase miedo al propio tráfico[8].

En último término, la problemática de la toma de decisiones alberga igualmente controversias, dado que dicha adecuación dependerá especialmente de la programación realizada sobre la inteligencia artificial. La capacidad de aprendizaje también influirá, pero ahí entrarán en escena las limitaciones de dicha programación, tanto respecto al acceso a la información como en lo referente a los sesgos culturales existentes.

Por su parte, las limitaciones ofrecen un problema de gran relevancia. En primer lugar, debe atenderse a la propia programación de la inteligencia artificial, que, si bien puede ser muy amplia y desarrollada, siempre ofrecerá alguna

---

de tráfico en la entrada de algunas vías automovilísticas, en las que se prohíbe acceder si se monta en caballo.

7. No resultará, por ejemplo, idéntica la percepción del riesgo que tenga un piloto de motociclismo que una persona que circula habitualmente con su automóvil a ochenta kilómetros por hora en carretera.

8. Salvando las distancias, por tratarse de una serie de ciencia ficción en su premisa de origen, pero eso ocurría precisamente con el automóvil *K.I.T.T.* —acrónimo de *Knight Industries Two Thousand*— en un capítulo de la serie que lanzó al estrellato al actor David Hasselhoff, El coche fantástico —conocido como *Knight rider* en su versión original—.

limitación respecto a sensaciones o producción de algunas situaciones[9].

En segundo lugar, influirá notablemente el entorno en el que se ha desarrollado la inteligencia artificial, marcado por el acceso a los datos que tenga, dado que el punto de partida de las inteligencias artificiales son siempre los análisis de datos. Estos datos, si bien le permiten obtener una información mucho mayor a la que una persona podría leer o procesar durante toda su vida, ofrecen también importantes riesgos. De un lado, la limitación de las fuentes documentales disponibles y, de otro, el posible sesgo que dicha documentación ofrezca. Por ello, resultaría necesario que no solo dispusiera la inteligencia artificial de capacidad de aprendizaje, cual es el objetivo, sino que también dispusiera de información respecto al contexto histórico, pues no pueden aplicarse algunas informaciones que eran perfectamente válidas hace unas décadas, al momento actual[10].

Inicialmente, el entrenamiento de las inteligencias artificiales era el análisis de la información disponible en internet. En la actualidad, existen problemas al respecto, siendo especialmente relevantes en la generación de imágenes, pues copiaban detalles de imágenes ya existentes, que disponían de derechos de autor, y los empleaban para generar otra nueva.

La definición reseñada y analizada en las anteriores líneas, no obstante, no es la que se encuentra recogida en la Propuesta de Reglamento del Parlamento Europeo y del Consejo por el que se establecen normas armonizadas en materia de inteligencia artificial (Ley de inteligencia artificial) y se modifican determinados actos legislativos de la Unión[11]. Esta Propuesta, en su artículo 3.1, señala lo que debe entenderse

---

9. Incluso, llevándolo al extremo, aplicando el simple dicho tradicional existente en nuestro país, por el cual *la realidad siempre supera a la ficción*.

10. Un ejemplo de ello podemos encontrarlo en la definición del buen padre de familia que, si bien es considerado como un concepto jurídico indeterminado, se adapta a las premisas sociales de cada época, siendo muy distinto el concepto si se preguntase hace cincuenta años, en la actualidad o dentro de medio siglo.

11. COM(2021) 206 final.

por sistema de inteligencia artificial para la misma, indicando que se entenderá por tal «*el software que se desarrolla empleando una o varias de las técnicas y estrategias que figuran en el anexo I y que puede, para un conjunto determinado de objetivos definidos por seres humanos, generar información de salida como contenidos, predicciones, recomendaciones o decisiones que influyan en los entornos con los que interactúa*».

Respecto al punto en que se indican las «*decisiones*» que puede tomar la inteligencia artificial se encuentra la base de lo que sustentamos, ya que así podrán actuarse en función de la circunstancia concreta, resultando en la práctica imposible determinar todas las variables que pueden producirse durante la conducción de un vehículo. Ahora bien, si consideramos que la inteligencia artificial, actuando en la práctica como conductor de un automóvil, debe tomar decisiones, debemos también plantearnos si nos encontramos ya en ese punto o todavía falta un importante desarrollo para alcanzarlo.

III. Influencia de la inteligencia artificial en las organizaciones y en la industria del automóvil

Indistintamente de la actual complejidad de definición del concepto de inteligencia artificial, subyace la impresión de la tremenda dificultad para una correcta adaptación de la misma al funcionamiento de las organizaciones. Si bien ya está empleándose en algunas actividades, como la sustitución de personal de mantenimiento telefónico o atención al cliente, dotar de mayores responsabilidades a esta tecnología se plantea todavía como peligroso.

Existen noticias que muestran a inteligencias artificiales como garantes de obtención inmediata de beneficios o mejor rendimiento para inversores, pero no dejan de ser la excepción y no ha llegado a demostrarse la veracidad de las mismas. Muy al contrario, están exponiéndose casos de empresas que buscaron la sustitución de muchos empleados por inteligencias artificial, y que después tuvieron que cambiar de estrategia.

Probablemente la tecnología permitirá un mejor desarrollo, pero si varias compañías disponen de inteligencias artificiales dedicadas a las mismas tareas —por ejemplo, inversiones—, la programación actual podría implicar que muchas organizaciones intentasen invertir en los mismos sectores o actividades, lo que elevaría los costes de las mismas por necesitar de mayor cuantía económica para disponer de los recursos necesarios, al aumentar los interesados en su adquisición; o dificultaría los beneficios si se produce un exceso de oferta al seguir todos la misma recomendación. Por tanto, hasta que no se logre una clara mejoría de la tecnología, que probablemente puede llegar a producirse, el ser humano continuará siendo clave para aportar ese factor diferencial que permita diferenciarse de la competencia y adoptar una política más exitosa.

La cuestión, de compleja resolución, se debería centrar en dilucidar cuándo puede producirse la llegada de esa tecnología que supere tanto la inteligencia humana como el instinto para la dirección de organizaciones y, llegados a ese momento, contar con la normativa europea como garante de aquello que pueden hacer y no las inteligencias artificiales en las organizaciones. No obstante, dada la todavía lejana fecha de aplicación de la normativa, esperemos que la solución no llegue cuando el problema esté demasiado arraigado y, por tanto, no pueda realmente solventar nada.

Esta dificultad de implementación, en tareas relativamente sencillas como la atención telefónica, está demostrado que la tecnología de inteligencia artificial no está tan madura como en muchas ocasiones se ha aseverado. Si nos encontramos con problemas en estas tareas, la dificultad deviene en hercúlea si se trata del automóvil autónomo, ya que las variables de conducción resultan sumamente elevadas.

a) La importancia del automóvil

El automóvil constituye un elemento esencial para muchos seres humanos, bien para la realización de sus quehaceres cotidianos, como acudir al puesto de trabajo o hacer la compra, como para disfrutar del ocio, ya sea para desplazarse al lugar donde lo practiquen o con dicho ocio siendo el mero hecho de la conducción o cuidado del vehículo. Implica, además, una de las adquisiciones de mayor coste para una familia promedio, solo por debajo de la compra de vivienda. Desde el momento de su invención, este artilugio ha formado parte de nuestras vidas y ha ido evolucionando conforme lo hacía la sociedad.

Debe considerarse, también, la importancia del sector automovilístico. Solo en España se produjeron, en el año 2024, algo menos de 2,4 millones de unidades[12]. Estos datos convirtieron a nuestro país en el segundo mayor productor automovilístico de Europa, y el noveno del mundo. Además, más del 80 % de las unidades producidas tienen como destino la exportación. Dichas cifras productivas se alcanzan con un total de 17 fábricas —englobando las que producen automóviles, o solo motores y cajas de cambio—, que generan aproximadamente 66.000 puestos de trabajo directos. Según datos de ANFAC[13], un empleo en la automoción genera otros ocho empleos en el conjunto de la economía del país, y cada euro destinado a la producción en este sector genera 1,85 euros en la economía nacional. Se sitúa como el segundo sector más importante dentro de España, representando el 10 % del Producto Interior Bruto del país, y suponiendo el 9 % del total del empleo sobre la producción activa.

En la actualidad, no obstante, múltiples e importantes cambios están produciéndose en el sector. La industria automovilística no está viviendo una evolución, sino una auténtica revolución. Puede darse tal afirmación por diversos motivos, tanto por la llegada de nuevos sistemas de propulsión, como los vehículos eléctricos, como por la aparición de nuevas compañías, especialmente de origen chino.

La tormenta perfecta del sector se completa con el desarrollo de la tecnología de conducción autónoma, impulsada por la conectividad que ofrecen en la actualidad los automóviles. Pero esta conducción autónoma —que en la práctica todavía no existe— aún requiere de múltiples avances, y el

---

12. La cifra se redujo en un 3 % con respecto al año anterior.
13. Siglas de la Asociación Española de Fabricantes de Automóviles y Camiones.

desarrollo y utilización de la inteligencia artificial resultará básica en la misma. Requerirá, además, de conexión rápida a internet, pues difícilmente se alcanzará en un breve período de tiempo la tecnología necesaria para que cada automóvil tenga una inteligencia artificial independiente que pueda tomar decisiones por sí misma basándose únicamente en la información y experiencia obtenida por un solo automóvil.

Por ello, resulta sumamente importante el análisis, desde un punto de vista jurídico, la situación actual de la conducción autónoma y su posibilidad de implementación en la actualidad y en el futuro, así como la legislación en materia de inteligencia artificial, y las posibles normativas que deberían modificarse en caso de alcanzarse la conducción autónoma plena, que no requiera de ningún tipo de intervención por parte de los seres humanos, y las consecuencias que ello implicaría. Dado que un trabajo como el que presentamos no puede alcanzar todos estos hitos, esperamos al menos plasmar los principales puntos y focos de conflicto que existen hoy día respecto a esta cuestión, para ahondar en mayor medida en los mismos en futuros trabajos.

Consecuencias, algunas de ellas, de un profundo calado jurídico, pero también económico o sociológico, pues existen zonas rurales o más despobladas que apenas disponen en la actualidad de una buena cobertura de telefonía móvil, lo que dificulta la implementación de tecnologías como el GPS, suponiendo una mayor complejidad para la conducción autónoma. Estos problemas podrían solventarse con la adopción de sistemas de inteligencia artificial, cuya regulación todavía está debatiéndose en la Unión Europea, pero sobre la que habría que ir perfilando ya las líneas clave de la misma.

Estos importantes cambios que está sufriendo el sector del automóvil están influyendo notoriamente en los consumidores —con el evidente encarecimiento de los vehículos—, en las compañías automovilísticas —mayores sinergias, fusiones y absorciones— y en la normativa —la preconizada llegada del vehículo eléctrico está ralentizándose en la actualidad, después de haberse aprobado disposiciones que prohibían la venta de vehículos de combustión interna a partir del año 2035, lo que ya no está tan claro en la actualidad—.

b) Los pretendidos sistemas de conducción *autónoma*

Como hemos señalado con anterioridad, uno de los grandes retos tecnológicos a los que se enfrenta en la actualidad la industria automovilística es la consecución de la conducción autónoma en los vehículos, sin la necesidad de intervención alguna por parte de las personas. Si bien existen ya proyectos que están logrando importantes avances, la opción real de implementarlos en el tráfico rodado aún parece lejana[14]. Debe partirse, además, de la necesidad de conexión a internet de gran velocidad, pues difícilmente un automóvil podría equipar, por sí mismo, una inteligencia artificial propia capacitada para la inmediata toma de decisiones en función de las circunstancias del tráfico, si bien en el futuro esta opción resultaría la idónea, pues solventaría algunos de los grandes problemas a los que se enfrenta esta tecnología, como puede ser la falta de conexión en ciertas zonas.

La normativa en España, en la actualidad, no permite la circulación por la vía pública de un vehículo autónomo —la normativa europea tampoco, si bien hay países, como Francia, que la permiten, aunque con matices—. La Ley 18/2021, de 20 de diciembre, por la que se modifica el texto refundido de la Ley sobre Tráfico, Circulación de Vehículos a Motor y Seguridad Vial, aprobado por el Real Decreto Legislativo 6/2015, de 30 de octubre, en materia del permiso y licencia de conducción por puntos, recoge por primera vez en el ordenamiento jurídico español la posibilidad del automóvil autónomo. El texto, que entró en vigor en marzo de 2022, indica lo siguiente en su Preámbulo: *«El progreso tecnológico de la*

---

14. Son numerosas las promesas de dirigentes de compañías encaminadas en este sentido, pero los proyectos al respecto continúan sufriendo retrasos. Desde el intento de firmas ya consolidadas como Volvo, a los de otras como Tesla. En el mismo sentido, la firma de electrónica Apple, cuyos planes futuros pasaban por el lanzamiento de una división automovilística, planteó inicialmente su intención de ofrecer en el mercado su primer modelo en el año 2025, con sistema de conducción autónoma. Sin embargo, después pospuso la comercialización del mismo hasta 2026, renunciando además a la tecnología de conducción autónoma en dicho año y, finalmente, hace apenas unos meses la compañía indicó que abandonaba definitivamente el desarrollo de su automóvil.

industria automotriz, está permitiendo el desarrollo de dispositivos y vehículos equipados con diversas tecnologías, que vienen a proponer distintos niveles de automatización, en su grado máximo, la conducción plenamente automatizada o autónoma. Por ello, se impone la necesidad de prever el diseño de un futuro marco normativo que regule la circulación de estos vehículos que por su naturaleza trascienden la regulación actual».

Por tanto, la normativa española acepta la posibilidad de implementación del vehículo autónomo, si bien deja la posibilidad de regulación respecto a los mismos a un futuro. Por supuesto, está refiriéndose al término máximo de autonomía de los automóviles, lo que no implica la imposibilidad de circulación de vehículos en niveles de automatización —entendida como advenimiento del vehículo autónomo, no como disposición de caja de cambios automática— más reducidos.

En la práctica, no obstante, la normativa específica que el conductor es el único responsable durante la conducción del vehículo. Se expresa, en tal sentido, el Real Decreto Legislativo 8/2004, de 29 de octubre, por el que se aprueba el texto refundido de la Ley sobre responsabilidad civil y seguro en la circulación de vehículos a motor. Este texto, en su artículo 1.1, indica que *«el conductor de vehículos a motor es responsable, en virtud del riesgo creado por la conducción de estos, de los daños causados a las personas o en los bienes con motivo de la circulación».*

Esto implica, por tanto, que deben descartarse por el momento las tecnologías que impliquen un nivel de autonomía superior al 3 del estándar SAE J3106. En tal sentido, incluso aunque los fabricantes habilitasen un puesto para un conductor persona física, si el sistema fuera completamente autónomo y no resultase necesario en ningún momento ceder el control al conductor, no estaría realmente siendo la persona quien ejerciese dicha conducción, lo que implicaría la imposibilidad de homologación de estos sistemas para su utilización.

Una de las tecnologías más avanzadas es el desarrollo de Mercedes-Benz, que ya ha anunciado que, en Europa, dentro de pocos meses, sus automóviles podrán cambiar automáticamente de carril en vías rápidas[15], en un nivel que han denominado 2+. En la actualidad, existen automóviles chinos dotados de conducción autónoma en su país, cuya exportación resulta inviable a Europa, por no cumplir la normativa de nuestro territorio. De hecho, en China solo se exige conducción autónoma en ciertas velocidades, mientras que la normativa europea indica que la capacidad del automóvil debe ser la misma en cualquier circunstancia, lo que resulta mucho más dificultoso cuando el automóvil circula a alta velocidad que a sesenta kilómetros por hora.

Pero la cuestión no es tanto la posibilidad de circulación de un automóvil autónomo o no en nuestras carreteras, sino si realmente existe la tecnología para la consideración de su existencia. El nivel 5 implica la conducción realmente autónoma, algo que todavía parece difícil de lograrse, si bien es posible que la tecnología termine por alcanzar el objetivo. No resultaría extraño imaginar un futuro en el que la utilización de los automóviles fuera mayoritariamente de vehículos autónomos o, incluso, que se prohibiera la conducción por

---

15. No obstante, y en términos ambiguos —probablemente, a sabiendas—, se especifica que dicha acción podrá realizarse única y exclusivamente cuando las condiciones del tráfico y de la vía sean las adecuadas. Respecto a la vía, al menos, existe cierta información, considerándose como tales las autovías con señalización de carriles y carriles direccionales estructuralmente separados —entendemos que también resultaría aplicable a las autopistas en nuestro país—. En lo concerniente a las condiciones del tráfico, se entiende que deberá existir también buena visibilidad —que puede convertirse en el gran problema interpretativo— y, en lo referente al propio tráfico, se ha indicado que con este sistema, el vehículo podrá iniciar por sí mismo un cambio de carril, siempre y cuando se encuentre circulando a una velocidad entre 80 y 140 kilómetros por hora, detrás de otro automóvil más lento, adelantando de manera completamente automática y dejando el espacio suficiente, sin ninguna intervención adicional del conductor —que continuará siendo el responsable último de la maniobra y tomando la posición de vigilante de la seguridad de la misma—. En puridad, algunos modelos de la compañía alemana están certificados internacionalmente con el estándar 3 SAE, cuestión distinta es que puedan implementar toda esta tecnología en el tráfico.
Además, han presentado un sistema, denominado *Intelligent Park Pilot*, que se ha convertido en el primer sistema certificado para aparcar de manera totalmente automatizada, sin ningún tipo de intervención del conductor, lo que equivale en la práctica al nivel 4 SAE.

seres humanos o esta quedase restringida a circuitos o áreas concretas[16].

La denominación de los sistemas de ayudas a la conducción tampoco está clarificando la cuestión a los compradores. Algunos reciben nombres que, directamente, pueden calificarse de engañosos, como el llamado *Autopilot* de Tesla. Precisamente, esta compañía se ha visto envuelta en la polémica respecto a los sistemas de conducción autónoma, o la inexistencia de los mismos. La justicia ha considerado que puede continuar empleando la denominación de «*sistema de conducción autónomo*» a su sistema *Autopilot*, si bien en la práctica el vehículo no puede conducirse por sí mismo sin ningún tipo de intervención humana. Los tribunales alemanes sí dieron la razón al demandante, que solicitaba el cese del uso de estas denominaciones, respecto a las afirmaciones de Tesla respecto a la existencia de «*capacidad de conducción autónoma total*» y «*piloto automático*». No obstante, lo que subyace en el colectivo popular con la denominación *Autopilot*, y la posibilidad de referirse a él en los términos permitidos por los tribunales, es que el vehículo puede conducirse por sí mismo.

En el mismo sentido, ha existido polémica respecto a la propia compañía, ya que desde 2016 la firma aseguraba que todos los modelos que vendían iban equipados con suficientes sensores y elementos para la producción de la conducción autónoma, cuando esta estuviera completamente desarrollada por la empresa. Sin embargo, a fecha actual dicha cuestión todavía no se ha producido. Ello motivó a que un comprador de un automóvil de la marca, adquirido en 2021, demandase a la empresa, reclamándole una indemnización debido a la necesidad de conducción autónoma, pues el

---

16. Si revisamos la historia, no resulta necesario fijarse en eventos demasiado antiguos, pues el antecesor del automóvil en la realización de los viajes, el caballo y el consecuente carruaje, han quedado limitados en la actualidad a caminos y zonas concretas, resultándoles prohibidas las vías destinadas a la circulación de automóviles —en la mayoría de los casos— y la gente, además, apenas conserva caballos para competiciones deportivas o actividades lúdicas. El futuro del automóvil, al menos el de conducción manual —independientemente de cambios de marcha manuales o automáticos— puede ser parecido.

vehículo era para su esposa, cuya movilidad se encontraba disminuyendo. Ante el retraso en la disponibilidad de la conducción autónoma, la firma ha sido condenada al pago al cliente de diez mil dólares[17].

En marzo de 2024, el *Insurance Institute for Highway Safety* analizó los catorce sistemas de compañías automovilísticas lanzados con la intención de realizar la conducción los más autónoma posible. Las conclusiones resultaron claras, a la vez que alarmantes, pues únicamente uno de los sistemas —el de la compañía Lexus— consiguió un aprobado en la calificación asignada por la institución. Debe especificarse que este aprobado no implicaba la posibilidad de conducción completamente autónoma —la misma, insistiremos nuevamente, no existe todavía como posibilidad real—, sino que se refería a la seguridad ofrecida por los sistemas equipados por el automóvil analizado. Además, se indicaba que, en general, los automóviles que incluyen estos sistemas no equipan medidas que eviten la distracción de los conductores o la realización de un mal uso por parte de los conductores[18].

Por tanto, nos encontraríamos realmente ante un supuesto de engaño a los consumidores, respecto a las capacidades y

---

17. Realmente, no es una sanción para la compañía, sino que se le ha condenado a la devolución del importe del paquete FSD, que era el que permitiría la conducción autónoma del automóvil cuando esta tecnología se encontrase desarrollada.

18. Para salvaguardar la seguridad de conductores, acompañantes, peatones y otros vehículos, los automóviles que equipan sistemas de conducción avanzada inciden en la necesidad, por parte del conductor, de mantenerse alerta a la circulación y estar preparado para tomar el control cuando la situación lo requiera. El sistema de Tesla precisa la necesidad de sentir presión en el volante, entendiéndose como tal el hecho de tener al menos una mano en el mismo. El problema deriva de la capacidad del vehículo para detectar un uso adecuado de esta cuestión, ya que se viralizó un vídeo en el que un propietario de un modelo de la firma ataba una botella al volante, para engañar al sistema y que creyese que era su mano haciendo presión. Las malas praxis por parte de los conductores pueden derivar en la responsabilidad de los mismos en la producción de accidentes —en la normativa española el conductor sigue siendo en todo caso el responsable— pero puede ir más allá, pues la utilización inadecuada de un producto implica siempre la responsabilidad de quien lo utilice de modo incorrecto si produce daños o lesiones.

características de un producto en cuestión que, muy probablemente, influirá en las decisiones de compra de los usuarios. Es cierto, también, que resulta sencilla la comprobación respecto a si el sistema puede o no realizar las acciones que su denominación promete —y que ahora en Tesla indican que, más que hacerlas, es un sistema que tiene el potencial de hacerlas en el futuro, precisamente la cuestión por que han tenido que devolver los diez mil dólares a un cliente, como hemos referido con anterioridad—, pero resultaría más sencillo eliminar denominaciones equívocas, especialmente cuando inducen de manera tan directa al engaño respecto a las capacidades de los automóviles[19].

Como es bien sabido, resulta complejo en derecho de la competencia determinar con exactitud cuándo se ha influido en la decisión del comprador de manera, debido a la subjetividad de muchos de sus conceptos. Conviene recordar la necesidad de producción de dos presupuestos diversos para entender de aplicación la cláusula general de protección de los consumidores recogida en el artículo cuarto de la Ley de Competencia Desleal. Dichos presupuestos son, en primer lugar, que el comportamiento del profesional resulte contrario a la diligencia profesional exigible y, en segundo lugar, que dicho comportamiento sea susceptible de distorsionar el comportamiento económico del consumidor medio.

---

19. En la página web de la compañía en España, observando las características del sistema, que se denomina igual en nuestro país, el consumidor medio puede comprobar sin esfuerzos que no es un sistema que permita actualmente una conducción autónoma por parte del vehículo, pero realmente, resultaría mucho más sencillo impedir la utilización de denominaciones que induzcan al error del consumidor. La información que aparece en la web española de la firma, refiriéndose al sistema de conducción, es la siguiente: «*Las características actuales necesitan una supervisión activa por parte del conductor y no convierten al coche en autónomo. Algunas de las funciones requieren el uso de los intermitentes y tienen un ámbito limitado. La activación y el uso de estas características dependerá de la posibilidad de conseguir una fiabilidad superior de los conductores humanos, tal como han demostrado miles de millones de kilómetros de experiencia. También depende de la aprobación legislativa, lo que puede llevar más tiempo en algunas jurisdicciones. A medida que vayan evolucionando estas características de conducción automática, su coche se actualizará continuamente a través de actualizaciones inalámbricas*».

En el mismo sentido, también resulta subjetiva la definición del consumidor medio, pues el Tribunal de Justicia de la Unión Europea indicó que se trata de la reacción típica del consumidor informado, razonablemente atento y perspicaz, considerando factores sociales, culturales y lingüísticos. Sin lugar a dudas, una definición en la que también convendría profundizar para realizar un análisis, pero en la que por motivos de espacio no podemos detenernos en este trabajo.

Por otra parte, no debe considerarse únicamente que esté produciéndose un perjuicio a los consumidores, sino también a los competidores, al asegurarse, por parte de los fabricantes que ofertan este tipo de sistemas de conducción, que se dispone de una característica que realmente no existe como tal, y que puede influir notablemente en la decisión de compra de un automóvil de la competencia o uno propio.

c) La principal normativa sobre automóviles autónomos en el contexto internacional

En la Unión Europea el Reglamento General de Seguridad (Reglamento (UE) 2019/2144)[20] estableció en 2022 la base jurídica para la homologación de vehículos autónomos. Este Reglamento introduce sistemas avanzados obligatorios (por ejemplo, control de velocidad inteligente, mantenimiento de carril, sensores de frenado) y faculta a la Comisión Europea para dictar normas técnicas específicas sobre vehículos sin conductor. Así, la UE ha adoptado *actos delegados* y *de*

---

20. Reglamento (UE) 2019/2144 del Parlamento Europeo y del Consejo de 27 de noviembre de 2019 relativo a los requisitos de homologación de tipo de los vehículos de motor y de sus remolques, así como de los sistemas, componentes y unidades técnicas independientes destinados a esos vehículos, en lo que respecta a su seguridad general y a la protección de los ocupantes de los vehículos y de los usuarios vulnerables de la vía pública, por el que se modifica el Reglamento (UE) 2018/858 del Parlamento Europeo y del Consejo y se derogan los Reglamentos (CE) n.º 78/2009, (CE) n.º 79/2009 y (CE) n.º 661/2009 del Parlamento Europeo y del Consejo y los Reglamentos (CE) n.º 631/2009, (UE) n.º 406/2010, (UE) n.º 672/2010, (UE) n.º 1003/2010, (UE) n.º 1005/2010, (UE) n.º 1008/2010, (UE) n.º 1009/2010, (UE) n.º 19/2011, (UE) n.º 109/2011, (UE) n.º 458/2011, (UE) n.º 65/2012, (UE) n.º 130/2012, (UE) n.º 347/2012, (UE) n.º 351/2012, (UE) n.º 1230/2012 y (UE) 2015/166 de la Comisión.
El documento se encuentra publicado en el *Diario Oficial de la Unión Europea*, núm. 325, de 16/12/2019, pp. 1-40.

ejecución que exigen procedimientos de prueba, ciberseguridad, grabación de datos e informes de incidentes para los vehículos completamente autónomos —nivel SAE 4— antes de su salida al mercado.

En el mismo sentido, la propia legislación europea para vehículos de automatización condicional —nivel SAE 3— se alinea con los nuevos reglamentos de la ONU. Así, encontramos, por ejemplo, la normativa UNECE reconoce sistemas de conducción automatizada en autopistas —*«Automated Lane Keeping System»*— hasta 130 km/h. De igual modo, se ha incorporado en el Derecho de la UE el Reglamento 171 de las Naciones Unidas[21] sobre asistencia al conductor, adaptando sus requisitos técnicos a nivel comunitario. En definitiva, el enfoque europeo busca armonizar la seguridad vial con la innovación, reforzando la protección de ocupantes y peatones mediante normas de tipo A —para vehículos nuevos—, que desde julio de 2024 son de aplicación general.

En cambio, en los Estados Unidos, la regulación federal específica sobre vehículos autónomos es limitada. No existe un único cuerpo legal integral, sino que la materia se aborda mediante directrices administrativas y leyes estatales dispersas. Ocurre igual con el automóvil eléctrico, donde cada Estado establece cuáles son las normativas específicas y, mientras algunos como California intentan potenciarlo, en otros territorios la intención resulta la contraria.

Puede destacarse la *SELF DRIVE Act*, de 2017 (H. R. 3388)[22], que permitió al Departamento de Transporte evaluar la seguridad de sistemas autónomos y establecer un Consejo Asesor. Sin embargo, gran parte de la regulación recae en la Administración Nacional de Seguridad del Tráfico, que supervisa las pruebas y puede eximir temporalmente a fabri-

---

21. Reglamento n.º 171 de las Naciones Unidas Disposiciones uniformes relativas a la homologación de vehículos en lo que concierne a los sistemas de asistencia al conductor para el control (DCAS) [2024/2689]. Publicado en el *Diario Oficial de la Unión Europea*, núm. 2689, de 4/11/2024, pp. 1-80.

22. Puede consultarse la redacción de la normativa en el siguiente enlace: https://www.congress.gov/bill/115th-congress/house-bill/3388, consultado el 27/06/2025.

cantes de ciertas normas de seguridad para permitir ensayos, como ha hecho recientemente para facilitar desarrollos de Tesla y otros.

Este abril, el Departamento de Transporte anunció nuevos procedimientos para simplificar notificaciones de accidentes de vehículos autónomos y trabajar hacia un *marco nacional unificado* que sustituya al mosaico estatal existente.

Por su parte, numerosos Estados han promulgado sus propias leyes. Por citar algunos, Florida y California introdujeron en 2024 proyectos que exigen la presencia de operador humano o la sujeción a las leyes de tráfico tradicionales, respectivamente; otros territorios como Arizona, Virginia Occidental o Mississippi ya cuentan con legislaciones en vigor para pruebas y operación de sistemas automatizados. En conjunto, puede concluirse que la regulación estadounidense privilegia la flexibilidad de la industria, pero aún divide responsabilidades entre gobierno federal —seguridad automotriz— y estados —licencias, circulación local—.

Si nos centramos en otros de los países con mayor capacidad de innovación en el sector automovilístico, encontramos que en Japón[23] el marco jurídico avanza hacia la plena conducción automatizada. La Ley de Tráfico por Carretera fue reformada parcialmente en dos fases.

En la primera, en mayo de 2019 se aprobó una enmienda —Ley N.º 20/2019— que introdujo obligaciones para vehículos con nivel 3 de automatización, como mantener registros de datos de los dispositivos de control operativo. Esta norma entró en vigor en abril de 2020 e implicó que un automóvil de nivel 3 en producción debe cumplir ciertas condiciones de uso y recopilación de datos.

---

23. Japón presenta, como mercado automovilístico, características muy especiales, sobre todo para tratarse de una de las industrias más potentes del sector. Así, en la actualidad, las compañías japonesas están retornando a las mecánicas diésel en su país, tan denostadas en nuestro continente en favor de los vehículos eléctricos. Además, disponen de una reglamentación especial para automóviles de pequeño tamaño —denominados localmente como *kei cars*— que constituyen un segmento especial cuyas características normativas han solicitado algunos directivos de empresas europeas que se adapten a la Unión Europea.

En una segunda fase, acaecida en abril de 2022, se aprobó una segunda enmienda —Ley N.º 32/2022— que establece un *régimen de permisos especiales* para la conducción autónoma sin conductor, equivalente al nivel 4. Bajo esta norma, para operar legalmente un vehículo de nivel 4 resulta necesario obtener autorización gubernamental previa. En consecuencia, desde abril de 2023 Japón permite ensayos y aplicaciones piloto de automatización avanzada en vías públicas, manteniendo requerimientos estrictos de supervisión y habilitación.

Ambos estatutos evidencian que la política japonesa prioriza la seguridad técnica mediante autorización estatal; además, el texto legal refuerza la distinción con sistemas de asistencia, recordando que estos últimos siguen exigiendo atención permanente del conductor.

Resulta imposible en la actualidad realizar un repaso completo a la tecnología automovilística sin detenernos en los avances introducidos en China. En este país, la regulación de vehículos autónomos combina estrategias locales pioneras con normas nacionales de carácter general.

A nivel municipal, la ciudad de Pekín ha sido ejemplar: en diciembre de 2024 su Congreso Municipal aprobó el *«Reglamento sobre Vehículos Autónomos de Pekín»*, que entró en vigor el 1 de abril de 2025. Este reglamento local enfatiza el principio del desarrollo junto con la seguridad: regula la innovación tecnológica, la infraestructura de apoyo y las condiciones de acceso vial para vehículos autónomos de nivel 3 en adelante.

Además, se establece la obligación de contar con personal de seguridad y sistemas de monitoreo en pruebas, con potestades para intervenir ante emergencias. Según medios especializados, la normativa también implementa inspecciones anuales de vehículos operativos autónomos y fija responsabilidades legales por omitir mantenimientos o pruebas requeridas.

A nivel nacional, las autoridades chinas han emitido directrices estrictas sobre la tecnología automotriz avanzada. Por ejemplo, en abril de 2025 el Ministerio de Industria e

Información prohibió que los fabricantes de vehículos usen términos como «conducción autónoma» o «conducción inteligente» en publicidad de funciones de asistencia al conductor; en esencia, problemas que han existido también en Europa y Estados Unidos, pero cuya implementación resultó más lenta.

Simultáneamente, exigió que cualquier actualización remota de software que sometida a pruebas previas y a aprobación regulatoria antes de su despliegue comercial. Estas medidas buscan evitar expectativas falsas en el público y enfatizar la responsabilidad de los fabricantes en la validación de sistemas automatizados.

Puede concluirse que China promueve el ensayo y despliegue de vehículos autónomos —con Pekín como zona de pruebas líder—, pero lo hace bajo un control estatal firme, tanto sobre su uso en vía pública como sobre la precisión informativa en el mercado. En la aplicación de esta nueva tecnología, además, el país asiático ve otra gran oportunidad para controlar el mercado automovilístico pues, si ya está consiguiendo posicionarse de manera extraordinaria con el automóvil eléctrico, la tecnología autónoma puede ahondar en esta fantástica posición.

IV. El (posible) futuro del automóvil autónomo

Resulta tremendamente dificultoso imaginar cuál es el futuro de una tecnología en ciernes, de modo que la tarea de ahondar en cuál podría ser el desarrollo de la inteligencia artificial en pos del automóvil autónomo revista especial complejidad, pues nos enfrentamos a dos tecnologías que se encuentran todavía en plena fase de desarrollo. Podríamos echar un vistazo a anteriores elucubraciones sobre el futuro del automóvil, únicamente para descubrir que la capacidad de acierto se reduce a la mínima expresión, aunque por supuesto siempre sobre una base lógica (HÜNNINGHAUS, 1963, pp. 493-503; SALVAT, 1974, pp. 132-138; BOYNE, 1988, pp. 210-221). Así y todo, sí existen indicios que pueden indicarnos cuál será la evolución del automóvil autónomo en las próximas décadas.

Debe dividirse la posible proyección del automóvil autónomo en dos cuestiones distintas para la realización de su análisis. Así, en primer lugar de aludirse a la futura normativa respecto a dicha posibilidad —cada vez más real, y que resultará necesaria dentro de no demasiado tiempo— y, como segunda cuestión, a los posibles problemas derivados de la implementación en la circulación y el mercado de los vehículos equipados con esta tecnología, que supondrá un cambio radical en la concepción del automóvil y en la libertad de movimiento de los ciudadanos, permitiendo que personas que no dispongan de permiso de conducción puedan ser las únicas ocupantes de un vehículo en movimiento.

Indistintamente de que la tecnología alcance el nivel suficiente para la conducción autónoma —lo que resulta posible, en función de los avances que están produciéndose en los últimos años, si bien otra cuestión es que sea adecuado o idóneo—, un ámbito absolutamente necesario para la circulación de automóviles autónomos es la normativa. Ya ha ocurrido en varias ocasiones que la tecnología automovilística ha avanzado más rápida que la norma —sucedió, por ejemplo, con las luces adaptables al giro del volante—.

Como hemos indicado con anterioridad, actualmente no se permite en nuestro país la circulación de este tipo de vehículos, si es que existieran. A modo de programa piloto, se introdujo hace algunos meses en la ciudad de Zaragoza un autobús autónomo, que circulaba por sí mismo durante su trazado. El autobús tenía, como ayuda externa, una pintura especial que delimitaba la zona por la que debía moverse —lo que implicaba, en la práctica, que no abandonase el carril marcado con dicha pintura, asemejándose en su capacidad de conducción autónoma más a un tranvía, que debe circular siempre por las vías habilitadas para él, que a un autobús—. Además, un conductor debía estar siempre tras el volante, preparado para tomar los mandos del vehículo en cualquier momento. Respecto a la cuestión de la conducción automatizada en vehículos de transporte público, algunos autores, como González (2024, pp. 28-33), realizan ya un interesante análisis, que queda fuera de nuestro ámbito.

Avanzando en esta línea, ya existe en nuestro país un automóvil que permite la circulación del mismo sin la intervención directa del conductor. Dicho conductor deberá estar colocado en su puesto correspondiente, pero queda eximido de la obligatoriedad de tener las manos en contacto con el volante. El sistema, disponible en un modelo de Ford, tiene limitaciones importantes, pero permite dicha maniobra —o ausencia de ella— en determinadas circunstancias. Concretamente, cuando se circula en una vía de dos o más carriles por sentido —en esencia, autovías o autopistas—, las condiciones meteorológicas sean favorables y únicamente en determinados tramos concretos. El sistema no alcanza el nivel 3 de autonomía, sino que es considerado un nivel 2 de carácter avanzado. La compañía ofrece este servicio por suscripción, pudiendo contratarse incluso únicamente para un mes. La cuestión de las suscripciones ha sido muy polémica y requiere también un análisis pormenorizado, con autores que ya te han pronunciado sobre ello, como Tenas (2023, pp. 282-284).

No obstante, la normativa deberá evolucionar al unísono de la tecnología, adaptándose a los nuevos escenarios, en algo similar a lo que ocurrió con la permisividad respecto a la incorporación en los automóviles de cámaras realizando las veces de retrovisores —si bien resulta una solución peligrosa en situaciones climáticas adversas— que ha permitido incluso que comiencen a comercializarse automóviles de turismo carentes de luneta trasera, como los desarrollados por Polestar —no obstante, la inexistencia de luneta trasera, por encontrarse tapada por una chapa, era algo ya habitual en las furgonetas de reparto en nuestro país, incluso antes del desarrollo de los retrovisores con cámara—. La normativa, no se olvide, exige únicamente dos retrovisores en los automóviles, indicando que es obligatorio el izquierdo —para los automóviles con el volante a la izquierda—, siendo después complementarios el derecho o el central y, disponiendo únicamente de uno de ellos, no existiría obligación de contar con un tercero operativo.

El desarrollo normativo se encuentra ya en marcha, e implicará la adición de dos artículos nuevos al Reglamento General de Circulación, así como un anexo. Sucederá otro tanto con el Reglamento General de Vehículos, al que se añadirá un artículo y un anexo[24]. La denominación del Real Decreto aludirá a materia de conducción automatizada.

En el texto, se alude a una diferencia trascendental, la existente entre automóviles de conducción automatizada de los vehículos totalmente automatizados, siendo estos últimos los conocidos popularmente como vehículos autónomos. Así, el texto indica que «*se centra en establecer una serie de requisitos y normas comunes y armonizadas con los que evaluar, desde un punto de vista técnico, el sistema de conducción automatizada de los vehículos totalmente automatizados, entendiendo por tales aquellos que son capaces de desplazarse de manera autónoma sin supervisión ni intervención de un conductor u operador en ningún momento dentro de su entorno operacional de uso. Es decir, el objeto del citado reglamento es el establecer los requisitos y condiciones que deban cumplir los sistemas de conducción automatizada de los vehículos totalmente automatizados para su puesta en servicio y acceso al mercado común, sin perjuicio del derecho de los Estados Miembros a regular la circulación y la seguridad del funcionamiento de los vehículos totalmente automatizados cuando transiten en servicios de transporte local*».

Por lo tanto, el próximo texto acepta la premisa del vehículo capaz de desplazarse por sí mismo sin intervención humana. Cuestión distinta será el protocolo establecido para la comprobación de dicha tecnología, las exigencias planteadas y la responsabilidad en caso de producción de accidente, cuestiones que todavía requieren de mucho trabajo e importantes decisiones a plantearse y solventar. La cuestión de la responsabilidad en los accidentes ha sido, con diferencia, el punto más analizado hasta la fecha por la doctrina, y el más avanzado en la legislación, pues Reino Unido ya ha indicado que el responsable, en caso de producción de un acci-

---

24. Este último anexo, con un nombre claramente indicativo de la materia que regulará, pues su denominación es «Sistemas de conducción automatizada».

dente en que se vea implicado un automóvil autónomo, será el fabricante del mismo[25].

Posibles problemas de la implementación del automóvil autónomo

Resulta sumamente complejo realizar un vaticinio acertado sobre la evolución del automóvil en las próximas décadas, pero puede, por supuesto, intentarse. Para ello, sí pueden reseñarse cuáles serán los planteamientos normativos más probables que terminarán influyendo en su evolución y planteamiento.

Para referirnos a estas cuestiones, podemos analizar diversos aspectos claves, entre las que deben destacarse la seguridad, la conectividad, la propia conducción autónoma, la economía colaborativa, los nuevos agentes en el mercado y, por supuesto, la movilidad eléctrica y las normativas de reducción de contaminación. Debido al planteamiento de este trabajo y para centrarnos únicamente en lo que más influye en los automóviles autónomos, aludiremos solo a las tres primeras cuestiones.

En lo concerniente a la seguridad, el objetivo es la consecución de lo más complicado en los trayectos, lograr que los automóviles u otros medios de transporte resulten siempre lo más seguros posibles para quienes vayan en ellos, pero también para las personas que no los utilicen, pero compartan con ellos la vía y espacio público. En la actualidad, todavía hay gran número de víctimas de tráfico, tanto conductores o usuarios de vehículos, como peatones, ciclistas u otras personas que hacen uso de estos espacios públicos.

Tanto la seguridad activa como la pasiva continuarán aumentando sus dotaciones en los automóviles, y no resultaría extraño que sistemas de seguridad novedosos en la actualidad, o que aparezcan en los próximos años, terminen

---

25. La normativa del país determina que, en caso de producción de, por ejemplo, un atropello a un peatón por parte de un automóvil autónomo, la responsabilidad no recaerá en el conductor, sino en el fabricante del vehículo. Si atendemos a la acepción de cuándo se considera que un vehículo es autónomo, técnicamente, además, la figura del conductor no existiría como tal.

siendo obligatorios en los automóviles de las próximas décadas. Esto ya ha sucedido en múltiples ocasiones a lo largo de estos años, de modo que hoy día resultan, por ejemplo, obligatorios sistemas de seguridad como los cinturones de retención, los *airbags* o el sistema antibloqueo de frenos.

La conectividad también resultará un elemento fundamental en el automóvil del futuro, no tanto respecto a los sistemas de infoentretenimiento y redes de conexión para el ocio de quienes viajen en ellos —evidentemente, estando prohibida su utilización al conductor cuando el automóvil se encuentre en circulación—, sino en cuestiones relacionadas con el punto anterior; la seguridad. Si bien es cierto que los equipamientos de los vehículos continuarán evolucionando en los próximos años respecto al equipamiento de entretenimiento ofertado a los pasajeros, probablemente la normativa no incidirá en ellos salvo respecto a cuestiones como la prohibición de su uso por el conductor con el automóvil en marcha, o incluso por los propios pasajeros cuando puedan dificultar la atención del conductor a la circulación.

Pero tanto el desarrollo tecnológico como la normativa indican que en el futuro los vehículos deberán estar interconectados y en continua comunicación entre ellos, tal y como parece dilucidarse por prototipos de vehículos y propuestas. Un ejemplo de ello es la baliza de emergencia de los automóviles, que sustituye a los triángulos de seguridad en caso de accidente y que, además de resultar más seguras al no ser necesario que el conductor abandone el vehículo y circule por el arcén de la vía para colocarlas —si bien ofrece problemas de acople en algunos modelos, en función del material del cual esté hecho su techo, o en los vehículos descapotables—, también dispondrán de una conexión para avisar automáticamente a los servicios de emergencia de la producción de un accidente. Cuestión, esta, que ya ofrecen algunas compañías automovilísticas en el equipamiento de serie de sus automóviles, si bien también ha sucedido que se vendieran los vehículos inicialmente con este equipamiento y posteriormente se retirase dicho servicio por problemas económicos[26].

---

26. Así sucedió, por ejemplo, con el sistema de aviso de accidentes que ofrecía Opel hace unos años.

Respecto al desarrollo del automóvil autónomo, si llega a producirse, el futuro nos deparará muy probablemente importantes cambios normativos. Por ejemplo, no resultaría extraño que el automóvil de conducción manual quedara relegado en el futuro a un segundo plano, convirtiéndose más en objeto de uso de algunos aficionados que en la piedra angular del transporte individual.

Si el vehículo autónomo terminara imponiéndose, supondría cambios importantes[27]. Uno de los grandes problemas a los que se enfrentará la tecnología de conducción autónoma será al comportamiento imprevisible de los conductores humanos —cuestión que también podría producirse respecto a los vehículos autónomos en función de su programación para reaccionar ante posibles eventos inesperados, pero debería regularse para que todos los automóviles autónomos reaccionasen ante ciertos eventos siempre de la misma manera y de modo uniforme—. Esto implicará, muy probablemente, que en el futuro los automóviles autónomos sean la mayoría, y que los manuales queden restringidos en su uso a unas zonas determinadas u horarios concretos, por considerarse un peligro para la seguridad pues, inevitablemente, si la tecnología avanza lo suficiente como para que la normativa permita la circulación de vehículos autónomos, estos serán menos propensos a sufrir accidentes.

Se ha esgrimido por parte de las compañías automovilísticas, y así parece que sucederá, que en el futuro existirá una interconexión absoluta entre los automóviles que circulen en carretera abierta. Pero esto supone apenas la solución de la mitad del problema, pues dicha interconexión se producirá única y exclusivamente entre aquellos automóviles autónomos que dispongan de la tecnología adecuada, y se presupone igualmente se dicha tecnología se encontrará estandarizada —idéntica argumentación se expuso respecto a los cargadores de los vehículos eléctricos cuando comenzó su desarrollo en masa, y todavía no se ha conseguido dicha uniformidad—.

---

27. Algunos están empezando a formularse, como la posibilidad de adopción de una cuarta luz en los semáforos, que serían exclusivas de vehículos autónomos.

Por ello, resultará necesario que, al menos en unos momentos iniciales, cada vehículo disponga de su propia tecnología interna, con inteligencia artificial, que le permita ejecutar tareas como la conducción autónoma. Ofrecerá diversas ventajas, como la necesidad de *hackeo* individualizado si quiere cometerse algún delito, una mayor rapidez de reacción al depender de menor cantidad de datos que analizar y, por supuesto, la inexistencia de interconexión a una red global de todos los automóviles, pues salvo prohibición expresa, continuarán —sobre todo en los primeros años— circulando vehículos de nivel de conducción autónoma más reducido y tecnología inferior y, por supuesto, automóviles que carezcan de sistemas de conducción autónoma, siendo por tanto llevados por seres humanos[28].

Ello supondría que, en los núcleos urbanos principalmente, resulte probable que los vehículos de conducción manual no puedan ser utilizados en el futuro, o tengan como se ha señalado zonas delimitadas, en una transición semejante a la que estamos sufriendo en la actualidad respecto a los vehículos de energías alternativas. Si bien con los vehículos eléctricos el principal problema es el de recargarlos, con los autónomos la cuestión será la conexión con el resto y la necesidad de disponer de información, lo que implicará redes de cobertura importantes. Esto supondría que en los núcleos rurales el vehículo autónomo tardara mucho en implantarse, llegando incluso a resultar imposible su uso hasta la mejora de la tecnología de cobertura, y permitiéndose por tanto la

---

28. Salvando las distancias, utilicemos un ejemplo histórico para ilustrar a qué nos referimos. Retrotraigámonos al año 1876, cuando se produjo la invención del teléfono. En la actualidad, la mayoría de la población dispone de un aparato telefónico con el que llamar a cualquier persona, pero dicha opción estaba muy reducida en los primeros años del invento. De hecho, la primera llamada telefónica, de comprobación respecto al funcionamiento del aparato, tuvo que realizarse a una segunda unidad que se encontraba en otra dependencia de la casa del inventor. Evidentemente, nadie puede llamar por teléfono a una persona que carece de él. Similar situación nos encontraríamos con un automóvil autónomo conectado a una red global de intercomunicación; dispondría de los datos de los vehículos conectados a dicha red global, pero desconocería dónde se encuentra o cómo se comporta un automóvil que está siendo conducido por una persona, pues este no se encontraría interconectado con el resto.

utilización sin restricción de los automóviles de conducción tradicional[29].

Además, si terminase prohibiéndose la utilización de vehículos de conducción tradicional, se desarrollarían diversos vehículos de conducción autónoma, con diferentes finalidades. Probablemente, dos tipos distintos, los puramente autónomos, y los que permitieran un tipo de conducción mixto, que estarían habilitados a circular por núcleos rurales con poca cobertura.

Para los conductores, no resultaría necesario sacarse el permiso de conducir si únicamente iban a utilizar los autónomos puros —tal y como ocurre en Estados Unidos, donde disponen de carnets de conducir para automóviles automáticos, y para todo tipo de automóviles, permitiendo el segundo tipo la conducción de vehículos automáticos y manuales—.

En el mismo sentido, los vehículos que dispusieran de la opción de conducción tradicional, que únicamente podría habilitarse en las zonas en las que se esta se permitiera, impedirían al conductor tomar los mandos en las zonas habilitadas únicamente para vehículos autónomos.

Y podríamos encontrarnos un segundo problema con los automóviles autónomos puros, cuál sería la reducción de la seguridad de los mismos. Si estos vehículos están únicamente habilitados para zonas donde simplemente circulen automóviles de su tipo, y todos siguen los mismos comandos e instrucciones ante un evento imprevisto, como la producción de accidentes resultaría muy reducida, también resultaría probable que la necesidad u obligación de implementación de elementos de seguridad de los vehículos se redujera, en aras no ya solo de la escasa producción de accidentes, sino también de cuestiones ecológicas, como la reducción de peso, lo que implicaría un menor gasto energético en el esfuerzo de desplazamiento del vehículo, y una menor utilización de materiales, lo que contribuiría a un mejor reciclaje

---

29. No debe olvidarse que todavía en España existen núcleos rurales de población que apenas disponen de buena conexión a internet o de cobertura para teléfonos móviles, lo que implicaría que resultaría inviable el uso de un vehículo de conducción completamente autónoma.

de los empleados y un mayor respeto medioambiental por necesitar menos materias primas. Por supuesto, cuestión básica resultaría la seguridad informática, para prevenir que expertos informáticos utilicen para sus fines los automóviles.

No puede, tampoco, obviarse otro problema inherente al automóvil autónomo. Existen estudios que demuestran que elige, siempre, la opción más beneficiosa desde el punto de vista económico. Esto, por sí mismo, no tiene que entenderse como un problema, sino como una ventaja, especialmente para las compañías que ya operan los taxis autónomos, o las futuras de este tipo de servicios o similar. Pero dicha cuestión puede conllevar un efecto perverso; la producción de mayores embotellamientos. La elección de la opción más beneficiosa desde el punto de vista económico, respecto a compañías que operen taxis autónomos, o vehículos compartidos autónomos, implica que puede resultar mejor que se encuentren en marcha a que detengan su circulación. Eso implica que muchos automóviles, sin destino concreto, se encuentren al unísono en movimiento, produciendo mayores atascos de los necesarios.

La inteligencia artificial, con todos los problemas que implica en la actualidad, puede convertirse en una fantástica aliada para el progreso en múltiples actividades. La preocupación respecto a la misma está suponiendo el desarrollo de futuras normativas, que intentarán legislar una tecnología sobre la que todavía se desconoce no sólo hasta qué punto puede llegar, sino que ni siquiera permite que se establezca en la actualidad una definición clara y concisa respecto a la misma.

El automóvil plenamente autónomo, por sí mismo, se encuentra muy lejano en su implementación —si es que llega a producirse en el futuro, aunque la intención parece afirmativa—. Las pruebas que están llevándose a cabo todavía no están logrando arrojar resultados completamente positivos[30]. La tecnología está avanzando a un ritmo importante, y

---

30. Resulta cierto que existen automóviles autónomos ya en circulación, pero deben también plantearse las circunstancias en que se realiza dicha circulación. No es casualidad que el desarrollo de estos proyectos

muy probablemente, en el futuro podrán adquirirse automóviles completamente autónomos, si bien esto en la actualidad todavía está lejano.

Pero dicha cuestión se encuentra cada vez más próxima en la práctica, y no parece existir duda alguna en la actualidad por parte del sector automovilístico respecto a la capacidad tecnológica para alcanzar dicho objetivo. La llegada de dichos vehículos, no obstante, supondrá un cambio radical en la forma de entender la conducción, con el objetivo de hacerla más segura y predecible, pero perdiendo también, por el camino, la sensación de libertad inherente a la conducción.

La llegada del automóvil autónomo, no obstante, todavía parece lejana, y la prohibición de la conducción por parte de los humanos tampoco se producirá en pocos años, pero, si se cumple la primera premisa, la segunda terminará aplicándose con seguridad; la cuestión es cuánto tiempo tardará.

V. Bibliografía

Beuc (2018), *Automated Decision Making and Artificial Intelligence. A Consumer Perspective*, pp. 5-10, https://www.beuc.eu/publications/beuc-x-2018-058_automated_decision_making_and_artificial_intelligence.pdf. Consultado el 24/06/25.

Boyne, W. J. (1988), *Power behind the Wheel. The story of modern car*, Sheldon Books, Reston.

Cam, A.; Chui, M.; Hall, B (2019), *Global AI Survey: AI proves its worth, but few scale impact*, https://www.mckinsey.com/featured-insights/artificial-intelligence/global-ai-survey-ai-proves-its-worth-but-few-scale-impact. Consultado el 24/06/25.

tenga lugar en California —la permisividad normativa llegó después de la decisión de implementar en este territorio las pruebas—. La elección de esta zona se debe a circunstancias muy concretas, idóneas para la conducción, como clima soleado, grandes calles y carreteras, ausencia de accidentes orográficos y población proclive a las nuevas tecnologías.

CENTER FOR DATA INNOVATION (2019), *Competition and Consumer Protection in the 21st Century Hearings*, Project Number P181201, http://www2.datainnovation.org/2019-ftc-competition-consumer-protection.pdf. Consultado el 24/06/25.

GONZÁLEZ, F. (2024), «Conducción automatizada. Propuestas legislativas: Proyecto de Ley de Movilidad Sostenible y el Proyecto de Real Decreto modificando el Reglamento de Circulación y el de Vehículos», *ATUC, movilidad sostenible, asociación de transportes públicos urbanos y metropolitanos*, primer trimestre 2024, núm. 109, pp. 28-33.

GRACE, K.; SALVATIER, J.; DAFOE, A.; ZHANG, B.; EVANS, O. (2018), «When Will AI Exceed Human Performance? Evidence from AI Experts», https://arxiv.org/abs/1705.08807. Consultado el 24/06/25.

HÜNNINGHAUS, K. (1963), *Historia del automóvil*, Zeus, Barcelona.

INFORMATION COMMISSIONER'S OFFICE (ICO) (2017), «Big data, artificial intelligence, machine learning and data protection», pp. 6-14, https://ico.org.uk/media/for-organisations/documents/2013559/big-data-ai-ml-and-data-protection.pdf. Consultado el 22/06/2025.

INSURANCE INSTITUTE FOR HIGHWAY SAFETY (2024), «First partial driving automation safeguard ratings show industry has work to do». Enlace web: First partial driving automation safeguard ratings show industry has work to do (iihs.org), consultado el 27/06/2025.

JEWELL, C. (2019), «Inteligencia artificial: la nueva electricidad». *Revista de la OMPI*, n.º 3. Recuperado de: https://www.wipo.int/wipo_magazine/es/2019/03/article_0001.html. Consultado el 24/06/25.

POOLE, D.; MACKWORTH, A.; GOEBEL, R. (1998), *Computational Intelligence: A Logical Approach*, Oxford University Press, Nueva York.

RUSSEL, S. J., NORVIG, P. (2016), *Artificial Intelligence. A modern approach*, Third edition, Pearson Education Limited, Londres.

RUSSEL, S. J., NORVIG, P. (2022), *Artificial Intelligence. A modern approach*, Fourth edition, Pearson Education Limited, Londres.

SALVAT, J. (Dir.) (1974), *Enciclopedia Salvat del Automóvil*, Salvat, Pamplona.

SCHWAB, K. (2016), *La cuarta revolución industrial*, Penguin Random House Grupo Editorial España, Madrid.

TENAS, M. Á. (2023), *Automóvil y Derecho. Análisis jurídico de las principales normativas automovilísticas, incluyendo su evolución histórica y las nuevas fuentes de energía*, Colex, A Coruña.

TURING, A. M. (1950), «Computing Machinery and Intelligence», *Mind*, Vol. LIX, Issue 236, octubre, pp. 433-460.

CAPÍTULO 2

INTELIGENCIA ARTIFICIAL Y CREACIÓN ARTÍSTICA: PERSPECTIVA JURÍDICA EN EL ENTORNO AUDIOVISUAL

Sara Gutiérrez Pérez

Abogada en Derecho del Entretenimiento y Mercado Audiovisual, especializada en Propiedad Intelectual

I. El surgimiento de la inteligencia artificial y su aplicación en la actual versión artística de la sociedad

1.1. Introducción al concepto de inteligencia artificial

En las últimas décadas, la inteligencia artificial ha dejado de ser una idea futurista para convertirse en una tecnología presente en numerosos aspectos de la vida cotidiana. Su integración en ámbitos tan diversos como la movilidad, el trabajo o el acceso a servicios ha dado lugar a transformaciones significativas en los procesos de producción, comunicación y creación.

La inteligencia artificial nació como una herramienta orientada a automatizar las tareas más mecánicas o repetitivas, permitiendo al ser humano centrarse en aquellas funciones que exigen lógica, sensibilidad o capacidad creativa. Inicialmente concebida como un instrumento de eficiencia operativa, su aplicación se limitaba a sectores eminentemente funcionales, como la industria, la logística o la gestión de datos.

Con el paso del tiempo, sin embargo, su evolución ha permitido una incursión progresiva en ámbitos que tradicionalmente se consideraban exclusivos del pensamiento y la expresión humana. En este contexto, uno de los fenómenos más sorprendentes y, a la vez, más controvertidos de esta expansión tecnológica es su inclusión en el ámbito artístico, un espacio comúnmente asociado a la sensibilidad, la subjetividad y la experiencia humana.

Así, en la actualidad, su presencia en actividades tradicionalmente reservadas a la mente humana —como la creación artística— ha abierto un debate profundo sobre los límites de su participación y sobre qué significa realmente ser creador. A lo largo de este capítulo, se analizará cómo la inteligencia artificial ha ido integrándose en el panorama audiovisual y artístico, así como la manera en que ha comenzado a adquirir una protección jurídica propia.

La primera manifestación significativa de la inteligencia artificial se remonta al año 1950, cuando el matemático Alan Turing publicó el artículo titulado «Computing Machinery and Intelligence». En él, se planteaba la hipótesis de si las máquinas podían llegar a pensar, y se exploraban las posibilidades de que la tecnología fuese capaz de reproducir procesos análogos a los del pensamiento humano.

Para evaluar esta posibilidad, Turing desarrolló su test homónimo —el Test de Turing—, un método diseñado para medir la capacidad de una máquina para simular el comportamiento humano. Esta prueba se basa en el denominado «juego de la imitación», en el cual un computador debe intentar convencer a un interlocutor humano de que está interactuando con otra persona. Según Turing, si la máquina lograba engañar al evaluador, se podría considerar que poseía una forma de inteligencia o, al menos, que era capaz de imitarla de manera convincente (González Fernández, 2007, p. 22).

Los autores John McCarthy, Marvin L. Minsky, Nathaniel Rochester y Claude E. Shannon (1995), en su ensayo titulado «A Proposal for the Dartmouth Summer Research Project on Artificial Intelligence», sentaron las bases conceptuales de lo que posteriormente se conocería como inteligencia artificial. En dicho texto, los autores definieron su objeto de estudio como el intento de descubrir cómo lograr que las máquinas utilicen el lenguaje, formen abstracciones y conceptos, resuelvan problemas que hasta entonces solo podían afrontar los seres humanos, y, además, sean capaces de mejorarse a sí mismas. Esta propuesta marcó un punto de inflexión en la evolución de la informática, ya que introdujo la idea de crear sistemas capaces de reproducir procesos mentales complejos a través de métodos computacionales.

En palabras de KERRIGAN (2022, p. 6) otra definición práctica y operativa de la inteligencia artificial se describe como aquella situación en la que «si se ejecuta un programa, se deja funcionando durante la noche, y al regresar ha hecho algo inesperado, eso es inteligencia artificial». Esta formulación subraya su capacidad de aprendizaje autónomo y su potencial para generar resultados no previstos, lo que refuerza su carácter como tecnología adaptable, dinámica y, en ocasiones, impredecible.

A partir de estas primeras formulaciones teóricas, elaboradas por distintos autores, comenzó a consolidarse la noción de que los ordenadores podían evolucionar hacia un modelo de funcionamiento cada vez más próximo al del cerebro humano. Así se fue gestando progresivamente la disciplina de la inteligencia artificial como campo autónomo de investigación, con una clara vocación interdisciplinar y un fuerte componente experimental.

Continuando con las líneas que suscribe KERRIGAN, la inteligencia artificial no puede ser únicamente un tema de interés para los abogados especializados en tecnología. La cuestión afecta a toda la abogacía, y todos los juristas deberían estar en condiciones de asesorar sobre las cuestiones que plantea. En resumen, todas las disciplinas jurídicas y todos los sectores industriales se están viendo afectados por la inteligencia artificial.

En este sentido, Steels y López de Mántaras (2018) definen la inteligencia artificial como «una colección de componentes computacionales que permiten construir sistemas que emulan funciones realizadas por el cerebro humano», subrayando su capacidad para reproducir funciones cognitivas tales como el razonamiento, el aprendizaje, la planificación o la percepción.

Aunque es evidente que la inteligencia artificial ha logrado integrarse de manera significativa en la sociedad actual, replicando comportamientos humanos como la cocina, la organización, la conducción y otros, persiste un debate fundamental sobre la distinción esencial entre las máquinas y el ser humano, especialmente cuando estas tecnologías comienzan a imitar con una precisión cada vez mayor las acciones, decisiones y patrones de conducta propios de las personas.

Para académicos como Haroon Sheikh, Corien Prins y Erik Schrijvers, una de las razones por las que resulta tan complejo alcanzar un consenso sobre qué debe entenderse por inteligencia artificial radica en que, hoy en día, tampoco existe una noción sólida y compartida de lo que constituye la inteligencia humana (SHEIKH, PRINS y SCHRIJVERS, 2023). Esta carencia conceptual de base dificulta la elaboración de definiciones estables y operativas sobre la inteligencia artificial, tanto desde una perspectiva técnica como normativa, y alimenta la pluralidad de enfoques actuales.

Por ello, uno de los debates más relevantes en torno a esta cuestión reside en la capacidad, hasta ahora considerada exclusivamente humana, de crear desde cero: de imaginar y producir arte, sentimientos, ideales y principios morales. La posibilidad de que una máquina llegue a imitar estas funciones plantea interrogantes profundos sobre los límites entre lo humano y lo artificial. Estos elementos, íntimamente ligados a la subjetividad y a la conciencia, constituyen, para muchos autores, un rasgo diferencial esencial entre los sistemas artificiales y los seres humanos. No se trata únicamente del nivel de ejecución que una máquina pueda alcanzar, sino del componente «humano» que confiere a las personas una dimensión moral y creativa que no se encuentra en objetos inertes ni en otros seres vivos. No obstante, debe señalarse que no existe una razón objetiva que permita demostrar de forma concluyente esta distinción, lo que contribuye a mantener abierto el debate.

El arte, entendido históricamente como una manifestación profunda del alma y las experiencias humanas, ha sido siempre una vía para la expresión de emociones, pensamientos, creencias y deseos individuales o colectivos. La posibilidad de que una creación artística sea generada por un sistema carente de conciencia, sensibilidad o intención —como lo es una inteligencia artificial— ha intensificado el debate sobre el valor, el sentido y la protección jurídica de dichas obras.

Frente a esta realidad, surge la reflexión en torno a si estas obras creadas por inteligencia artificial pueden ser consideradas verdaderamente artísticas o si, por el contrario, se trata de simples simulaciones técnicas carentes de una protección jurídica. Este punto cobra especial relevancia en los ámbitos del derecho de autor y la propiedad intelectual, donde la originalidad, la creatividad y la autoría humana siguen siendo pilares fundamentales para el reconocimiento y protección de una obra.

1.2. La inteligencia artificial en el mundo artístico-audiovisual

A pesar de lo anteriormente expuesto, no puede considerarse objeto de debate la utilización de aplicaciones computacionales o sistemas de inteligencia artificial en tareas meramente funcionales o informáticas. En el ámbito audiovisual, por ejemplo, una de las principales aplicaciones técnicas es el uso de herramientas como el «Computer-Generated Imagery (CGI)», que han transformado el sector mediante la digitalización de contenidos y la incorporación de un mayor realismo en la imagen.

Un caso particularmente destacado es el de la película Elemental (2023), producida por Pixar. En esta obra, la inteligencia artificial permitió desarrollar personajes compuestos por elementos naturales como el fuego y el agua, dotándolos de movimientos, texturas y comportamientos visuales de notable realismo. Paul Kanyuk, técnico del estudio, había comenzado en 2016 a investigar el uso del aprendizaje automático para optimizar las simulaciones de tejidos, una línea de trabajo que sentó las bases tecnológicas para los efectos visuales aplicados en Elemental y que refleja el potencial de estas herramientas en procesos técnicos de producción audiovisual.

La inteligencia artificial también participa en las predicciones de éxito en taquilla. Herramientas como «Vault AI» analizan datos de grandes éxitos —tráilers, guiones y críticas— para anticipar el rendimiento de nuevas producciones. Este tipo de soluciones suele ser empleado por los equipos de promoción y marketing, ya que les permite determinar el momento óptimo de estreno para maximizar el retorno económico; por ejemplo, programando una película infantil en sábado, cuando los niños pueden asistir con mayor facilidad.

La empresa de análisis narrativo StoryFit, dirigida por Monica Landers, utiliza sistemas de inteligencia artificial para evaluar la conexión de la audiencia con las narrativas y los personajes. Su tecnología permite recopilar datos estructurados a partir de guiones, analizando elementos narrativos para extraer información sobre su eficacia, su impacto emocional y su significado. Estos conocimientos resultan fundamentales para que los estudios cinematográficos puedan decidir qué guiones adquirir, qué personajes potenciar o qué obras literarias adaptar a formatos audiovisuales.

Resulta común asociar la participación de la inteligencia artificial a tareas técnicas como la animación o el CGI, en lugar de a procesos creativos como la escritura de guiones. Esta idea inicial responde a una percepción general de la inteligencia artificial como herramienta tecnológica antes que artística. Sin embargo, desde una perspectiva jurídica, el desafío se centra en determinar a quién corresponde el componente creativo cuando la IA interviene en la generación de una obra.

A modo de ejemplo preliminar —que será desarrollado en detalle a lo largo de este trabajo—, cabe señalar que en el sector audiovisual suele distinguirse contractualmente entre técnicos operativos, como transportistas o electricistas, y técnicos creativos, como maquilladores o directores de fotografía. En el caso de estos últimos, los contratos habituales incorporan cláusulas relativas a la cesión de los derechos de explotación sobre las posibles creaciones realizadas en el marco del proceso de producción. La inclusión de estas cláusulas responde, en parte, a la necesidad de mantener cierto control sobre los resultados creativos, especialmente en un contexto en el que la intervención de herramientas basadas en inteligencia artificial dificulta la identificación precisa de la autoría y la titularidad de las obras generadas.

En el caso de los técnicos operativos, no suele plantearse conflicto alguno, ya que el uso de herramientas basadas en inteligencia artificial —como los sistemas de navegación GPS o la activación de dispositivos eléctricos— no conlleva la creación de una obra original susceptible de protección jurídica. Sin embargo, en actividades de carácter creativo, como las desarrolladas por animadores en películas de animación o diseñadores de vestuario[1], la cuestión adquiere una mayor complejidad. En estos casos, la intervención del profesional implica necesariamente la existencia de derechos de autor, lo que sitúa al sujeto creador como cedente principal de su aportación dentro de la obra audiovisual.

Cuando la inteligencia artificial ha intervenido directamente en la creación de las aportaciones del equipo artístico, se plantea la necesidad de asignar la cesión de los derechos de explotación a quienes han intervenido en ese proceso, ya sea la persona que entrenó la inteligencia artificial, la que dirigió su funcionamiento o creó el software o, incluso, a ambas.

Además, se abre el debate sobre la posibilidad de proteger este tipo de obras en ausencia de una autoría humana directa, lo que plantea interrogantes sobre la titularidad de los derechos y el reconocimiento jurídico de dichas creaciones. Este tipo de intervención de la inteligencia artificial en procesos cotidianos del desarrollo de un proyecto audiovisual, así como la cuestión relativa a la atribución de la autoría

---

1.   Uno de los ejemplos más notorios es el traje de los Stormtroopers de la saga *Star Wars*, el cual ha sido objeto de protección legal por ser fácilmente reconocible y por haber sido registrado como marca comercial por Lucasfilm.

y su eventual ejecución jurídica, serán objeto de análisis en el presente capítulo.

A la luz de lo expuesto, resulta necesario detenerse en analizar el impacto que la inteligencia artificial está produciendo en el ámbito audiovisual y cinematográfico, no solo en los procesos de creación, sino también en la forma en que dichas creaciones deben ser comprendidas y reguladas jurídicamente. La utilización de estas tecnologías plantea interrogantes complejos desde el punto de vista legal y ético, particularmente en lo que respecta a la atribución de la autoría, el grado de intervención humana y los criterios de originalidad exigibles para el reconocimiento de una obra como protegible.

En este contexto, el presente capítulo adoptará una perspectiva centrada en la autoría, con el objetivo de analizar si la inteligencia artificial puede adquirir, total o parcialmente, dicha condición, y cómo se encuadra su uso dentro de los márgenes normativos existentes. Asimismo, se examinarán los límites contractuales y jurídicos que informan a los autores y técnicos de una producción audiovisual sobre el uso legítimo de estas herramientas, en un entorno donde los modelos de trabajo emergentes carecen aún de una regulación específica, y donde la inseguridad jurídica obliga a reflexionar sobre la necesidad de respuestas normativas más claras y adaptadas a esta nueva realidad y no tan exclusivas de la situación particular.

II. Acercamiento a la regulación y protección jurídica de los derechos de autor en el mundo audiovisual y la integración de la IA bajo este régimen

2.1. La regulación de la inteligencia artificial en Europa y el nacimiento de la regulación de propiedad intelectual en España

La irrupción de la inteligencia artificial en el panorama jurídico puede considerarse, en cierta medida, una llegada tardía. La calificación de «tardía» responde al hecho de que, si bien se cuenta con un cuerpo normativo extenso y consolidado que regula aspectos contractuales, estas normas no fueron concebidas para dar cabida a la posibilidad de que una máquina pudiera replicar un comportamiento inteligente equiparable al del ser humano.

La inteligencia artificial es, tal y como se ha comentado, un concepto difícil de definir de manera precisa y consensuada. Esta ambigüedad se debe, entre otras razones, a la evolución constante de la tecnología, a la falta de criterios uniformes incluso entre los propios expertos del ámbito y a la utilización indiscriminada del término en contextos diversos.

Todo ello contribuye a que la definición de la inteligencia artificial no solo sea incierta, sino que esté sujeta a constantes revisiones según el contexto tecnológico y funcional en el que se emplea. Esta indefinición conceptual representa uno de los principales obstáculos para su regulación jurídica y para delimitar, de manera clara, su impacto en ámbitos como el artístico y audiovisual.

La necesidad de establecer una regulación específica en materia de inteligencia artificial en el ámbito europeo nace de una preocupación creciente —institucional, ética y social— sobre el impacto que estas tecnologías pueden tener en los derechos fundamentales, en el equilibrio del Estado de Derecho y en la evidente insuficiencia de los marcos legislativos nacionales para abordar los desafíos que plantea su desarrollo. En este contexto, ya en octubre de 2017, el Consejo Europeo instó formalmente a la Comisión a elaborar un enfoque común sobre la inteligencia artificial, marcando así el inicio de un proceso político orientado a sentar las bases. Fruto de este impulso, comenzaron a desarrollarse propuestas normativas coordinadas, entre las que destaca el «Libro Blanco sobre la inteligencia artificial», publicado en febrero de 2020, donde se aboga por la creación de un nuevo marco regulatorio que combine el fomento de la innovación con la garantía de los derechos y valores europeos (PRESNO LINERA, 2024, p. 132).

No obstante, no fue hasta abril de 2021 cuando la Comisión Europea presentó formalmente una propuesta de reglamento que daría lugar a la primera Ley de Inteligencia Artificial de la Unión Europea. Esta iniciativa introdujo un enfoque innovador basado en la clasificación de los sistemas de inteligencia artificial en función del nivel de riesgo que pudieran representar para los derechos y la seguridad de los usuarios, estableciendo así las bases de una futura regulación con vocación pionera a nivel global.

Tras un extenso proceso legislativo y múltiples revisiones, el Parlamento Europeo aprobó finalmente el Reglamento (UE) 2024/1689 sobre Inteligencia Artificial el 13 de marzo de 2024, siendo publicado oficialmente en julio del mismo año. Esta norma, sin precedentes en el derecho comparado, consagra un marco jurídico armonizado para todos los Estados miembros, estructurado en torno a un enfoque gradual de riesgos, que impone diferentes obligaciones en función del nivel de peligrosidad asociado a cada sistema de IA. Con ello, la Unión Europea se posiciona como referente internacional en la regulación de estas tecnologías.

Uno de los principales motivos que ha llevado a la Unión Europea a impulsar el Reglamento de Inteligencia Artificial es la opacidad inherente a muchos sistemas de IA. A menudo, no es posible determinar por qué una inteligencia artificial ha tomado una decisión o realizado una predicción concreta, lo que dificulta evaluar si una persona ha sido injustamente perjudicada. Esta falta de transparencia resulta especialmente preocupante en ámbitos sensibles, como la contratación laboral o la concesión de beneficios públicos, donde una decisión automatizada puede afectar directamente al bienestar y a los derechos fundamentales de los individuos. En este contexto, la regulación se centra prioritariamente en garantizar la trazabilidad, la supervisión humana y la rendición de cuentas, dejando en un segundo plano debates más abstractos, como la autoría de las creaciones generadas por sistemas algorítmicos.

A pesar de ser pioneros en el desarrollo de la regulación, el Reglamento no aborda cuestiones clave vinculadas a la propiedad intelectual o la autoría de las creaciones generadas por sistemas de IA, lo cual deja un vacío legal significativo en sectores como el audiovisual, el artístico y el creativo, especialmente en lo que respecta a la titularidad, la protección y la explotación de obras producidas por o con inteligencia artificial.

Los vacíos legales derivados de la inacción del legislador en relación con la autoría de las obras creadas y/o generadas por inteligencia artificial han dado lugar a una omisión normativa que plantea actualmente importantes interrogantes en torno a la titularidad, la autoría y la protección de este tipo de creaciones. Por el momento, estas cuestiones solo pueden encontrar respuesta en el marco de la propiedad intelectual y de las normativas españolas vigentes en materia de derechos de autor.

Bondía Román (1988, pp. 133-136) señala que la introducción de nuevas tecnologías produce un verdadero salto conceptual en el ámbito del Derecho de la propiedad intelectual. Esta transformación no puede abordarse únicamente mediante una adaptación puntual del marco normativo, ya que el cuerpo legal vigente no fue concebido para afrontar los desafíos que plantea el desarrollo de tecnologías emergentes como la inteligencia artificial. Por el contrario, los avances actuales exigen una reconsideración más profunda de los fundamentos jurídicos que sostienen la protección de los derechos de autor, así como una posible redefinición de sus categorías tradicionales, entre ellas, las nociones de originalidad, autoría o creatividad.

Según la Organización Mundial de Propiedad Intelectual (en adelante, OMPI) la propiedad intelectual se «relaciona con las creaciones de la mente, como las invenciones, las obras literarias y artísticas, y los símbolos, nombres e imágenes utilizados en el comercio». Por otro lado, Bercovitz (2019, p. 22) compara a la propiedad intelectual con la propiedad material de los bienes, y sostiene que «la inmaterialidad de la obra no es un obstáculo para poder afirmar lo mismo que otro propietario». En palabras de quien suscribe, si bien puede resultar compleja la interpretación de los derechos de autor, esta dificultad puede ejemplificarse fácilmente mediante la analogía con el propietario de un coche. Ambos, tanto el titular de un bien material como el creador de una obra protegida deben tener la posibilidad de ejercer sus derechos sobre aquello que les pertenece: en el caso del propietario, sobre su vehículo, y en el caso del autor, sobre su creación, que está amparada por el marco de protección jurídica de los derechos de autor.

Al revisar los fundamentos históricos del derecho de autor en España, puede observarse que la normativa en esta materia comenzó a consolidarse con el Reglamento de 1880, el cual sentó las bases del sistema registral y del procedimiento administrativo relativo a la protección de la propiedad intelectual. Este reglamento, que desarrollaba la Ley de 1879, introdujo criterios fundamentales sobre la inscripción de obras, los plazos aplicables y los efectos jurídicos del registro. A pesar del tiempo transcurrido y de las numerosas modificaciones parciales que ha experimentado el sistema, su estructura esencial se ha mantenido vigente hasta la aprobación del reglamento actualmente en vigor, adoptado en 1996, el cual recoge y adapta los principios históricos al nuevo marco legislativo instaurado por la Ley de Propiedad Intelectual de 1987, así como a las nuevas exigencias derivadas del entorno digital y del proceso de armonización con la normativa comunitaria (SÁNCHEZ GARCÍA, 2002, p. 1006).

En este contexto, resulta relevante recordar que el derecho de autor, como rama del ordenamiento jurídico, se enmarca en el derecho civil. En palabras de BORJAS (2013): «el derecho de autor es una especialidad del derecho civil, que regula los derechos subjetivos de los autores respecto de sus obras, que son el resultado de una actividad intelectual caracterizada por su individualidad» (p. 5). Esta definición enfatiza la dimensión personalísima y creativa de la obra, entendida como expresión de la individualidad del autor. Precisamente por esta razón, se genera una tensión jurídica cuando intervienen sistemas de inteligencia artificial, cuya producción no proviene de una conciencia individual ni de una voluntad creativa humana, cuestionando así los parámetros clásicos del derecho de autor.

Partiendo de este marco, se procederá ahora a examinar el contenido y alcance de la legislación española en materia de propiedad intelectual, con especial atención a su aplicación a las obras audiovisuales.

2.2. Nociones básicas sobre propiedad intelectual y el derecho de autor

En el ordenamiento jurídico español, el Real Decreto Legislativo 1/1996, de 12 de abril, por el que se aprueba el texto refundido de la Ley de Propiedad Intelectual (en adelante denominada, LPI), se establece en su primer artículo, dentro de las disposiciones generales, que el hecho generador de la propiedad intelectual es la mera creación de una obra literaria, artística o científica. Por el solo hecho de dicha creación, el autor adquiere dos tipos de derechos inherentes en relación con su obra: por un lado, los derechos patrimoniales y, por otro, los derechos morales.

De acuerdo con la LPI, los derechos morales son personalísimos e imprescriptibles, pertenecen al autor de forma irrenunciable e inalienable, y se encuentran regulados en el artículo 14 de dicha ley. Por otra parte, se reconocen los derechos patrimoniales, que a su vez se dividen en dos categorías: (i) los derechos de explotación, que tienen una dimensión económica y permiten la explotación de la obra por el propio autor o por un tercero designado por este, e incluyen el derecho de comunicación pública en sus múltiples formas, el derecho de reproducción, el derecho de transformación y el derecho de distribución; y (ii) los derechos de simple remuneración, referidos a los beneficios económicos que la obra puede generar, perteneciendo estos al autor por el simple hecho de su creación y explotación. A diferencia de los derechos morales, los derechos patrimoniales pueden ser objeto de cesión y transmisión a terceros.

Sin embargo, resulta importante señalar que, aunque la LPI no establece requisitos específicos para excluir ciertas creaciones de la protección de los derechos de autor —más allá de aquellas obras contempladas en el artículo 10, que recoge una enumeración de las posibles obras protegibles—, tanto la doctrina como la jurisprudencia han desarrollado una serie de criterios que permiten diferenciar entre una obra susceptible de protección y una simple creación no protegible.

Una de las exigencias principales que establece la Ley de Propiedad Intelectual española es que la obra protegida debe ser realizada por un ser humano. Así lo dispone expresamente el artículo 5 de la LPI, al definir al autor como «la persona natural que crea alguna obra literaria, artística o científica»[2]. Esta concepción, ampliamente compartida por las legislaciones de los Estados miembros de la Organización Mundial de la Propiedad Intelectual (OMPI), parte de una premisa antropocéntrica: solo las personas físicas pueden ser consideradas autoras a efectos legales. En consecuencia, toda creación generada de forma autónoma por un sistema de inteligencia artificial quedaría, en principio, fuera del ámbito de protección del derecho de autor, al no concurrir el requisito subjetivo de autoría humana.

Sin embargo, este criterio genera una creciente controversia, especialmente a la luz de ciertos supuestos recogidos por la propia normativa en los que se admite la intervención de personas jurídicas como titulares originarios o derivados de derechos, y donde la conexión con la figura del autor individual no siempre es tan directa. Tal como expone Ávila (2021, p. 60), muchas legislaciones actuales distinguen claramente entre autoría y titularidad: si bien solo una persona física puede ostentar la condición de autora, la titularidad de los derechos de explotación puede recaer en una persona jurídica—como ocurre, por ejemplo, en el marco de una relación laboral o por encargo de producción—.

Asimismo, existen categorías específicas, como las bases de datos, donde la protección se fundamenta más en la inversión y la organización de los contenidos que en la creatividad personalísima, lo que ha abierto la puerta a modelos de protección que no se ajustan estrictamente al paradigma clásico de autoría humana[3].

---

2. «Artículo 5. Autores y otros beneficiarios.
1. Se considera autor a la persona natural que crea alguna obra literaria, artística o científica».

3. Por ejemplo, el artículo 8 LPI atribuye los derechos de explotación de una obra colectiva a quien la edita y divulga bajo su nombre, y el artículo 97 reconoce que la titularidad de los derechos sobre programas de ordenador puede recaer en una persona jurídica, cuando así lo prevea expresamente la ley, aunque la autoría siga correspondiendo a personas físicas.

Como puede observarse, existe una diferencia sustancial entre el concepto de autoría y el de titularidad de los derechos. Mientras que la autoría confiere al creador los derechos morales sobre la obra desde el momento de su creación, la titularidad puede recaer en otra persona —física o jurídica— por diversas vías, como la cesión contractual, pero sin que ello implique la adquisición de derechos morales. En consecuencia, quien ostenta únicamente la titularidad de los derechos patrimoniales no puede ser considerado autor de la obra ni ejercer las prerrogativas inherentes a esa condición.

Hasta el momento, la inteligencia artificial solo ha podido ser contemplada como titular de determinados derechos en aquellos supuestos en los que ha intervenido de manera relevante en el proceso de creación de la obra. No obstante, resulta pertinente plantear qué consecuencias podría derivar una eventual reforma legislativa que reconociera a un sistema de inteligencia artificial la posibilidad de ostentar derechos de autor, ya fueran de carácter moral o patrimonial.

Esta distinción entre autoría y titularidad puede ilustrarse a través del ejemplo previamente mencionado sobre los trabajadores técnicos artísticos en las producciones audiovisuales. En ese contexto, el diseñador de vestuario puede considerarse autor respecto de aquellas creaciones que reúnan los requisitos de originalidad exigidos por la ley. No obstante, en virtud de un contrato de cesión de derechos —habitualmente enmarcado en un encargo profesional—, la productora adquiere la titularidad de los derechos de explotación, sin que ello afecte a la condición de autor del diseñador.

El debate se complica cuando en el proceso creativo interviene un sistema de inteligencia artificial. En un supuesto como este, los diseños podrían haber sido materialmente confeccionados por el diseñador y su equipo, pero el planteamiento creativo —incluyendo ideas iniciales, patrones, costuras y materiales— habría sido generado íntegramente por una herramienta de inteligencia artificial generativa. Esta situación plantea serias dificultades a la hora de determinar quién debe ser considerado el verdadero autor de la obra:

– Por un lado, podría sostenerse que la iniciativa corresponde al diseñador de vestuario, quien introdujo los parámetros de referencia en el sistema de inteligencia artificial —por ejemplo, indicando que se trataba de ropa de época victoriana— y fue matizando y seleccionando las ideas sugeridas por la IA a lo largo del proceso creativo. Desde esta perspectiva, el diseñador habría ejercido un control creativo suficiente como para ser considerado autor de la obra resultante y tener la titularidad sobre estos derechos.

– Por otro lado, cabría considerar que la titularidad debería recaer en el desarrollador del software, al ser quien ha diseñado la arquitectura del sistema, programado los algoritmos y definido las bases de datos que permiten el funcionamiento del modelo. Bajo esta lógica, el sistema opera conforme a unos parámetros técnicos predefinidos por el programador, lo que justificaría el reconocimiento de su aportación como determinante en el resultado final en los supuestos en los que la diseñadora de vestuario no aportase su imprenta artística en el proyecto.

– Finalmente, podría plantearse que la titularidad pertenezca a la empresa financiadora del sistema de inteligencia artificial, como propietaria de la tecnología que hizo posible la creación.

A este respecto, resulta relevante recordar que, según parte de la doctrina, la clave no reside únicamente en la creación de la máquina, sino en la intervención humana significativa dentro del proceso creativo. Ser titular de derechos de autor no se deriva del hecho de haber desarrollado el sistema de inteligencia artificial (lo que puede efectivamente generar derechos sobre el software como tal), sino de haber aportado ese componente humano esencial a la concepción, dirección y ejecución de la obra final (GINSBURG & BUDIARDJO, 2019, P. 404-407).

Así, si una persona desarrolla una máquina que opera de forma completamente autónoma, podrá reclamar derechos de autor sobre el programa informático, pero no sobre las obras que esta genere, ya que dichas creaciones quedarían, en principio, fuera del ámbito de protección o pasarían a formar parte del dominio público, al no haber una autoría humana identificable. En cambio, si existe una intervención activa por parte del usuario —aportando instrucciones, seleccionando resultados, configurando parámetros y tomando decisiones relevantes—, podría entenderse que hay una participación creativa directa que justificaría el reconocimiento de derechos de autor no solo sobre el software, sino también sobre la obra generada por medio del mismo[4].

Esta asignación de derechos se acompaña de las definiciones de AI-Generated y AI-Assisted (JOHNSON, 2024):

- AI-Generated: Es todo contenido o texto creado de forma autónoma por una herramienta de inteligencia artificial, a partir de información consensuada ya existente en la web, sin intervención humana o con una intervención mínima o irrelevante. Un ejemplo aplicable dentro de la creación en la industria audiovisual sería la generación de una historia de ficción a partir de unas pocas pautas argumentales o de una referencia autoral.

- AI-Assisted: Son obras creadas mediante inteligencia artificial con una intervención humana relevante, que dependen en gran medida del conocimiento, criterio y edición del ser humano. Un ejemplo sería utilizar una herramienta de IA para generar una estructura inicial o plantilla para un estudio de caso. Posteriormente, un profesional completa esa plantilla con datos reales, análisis, y redacción personalizada basada en la experiencia y resultados de un cliente concreto.

---

4. Un ejemplo respecto al debate sobre si la participación de las inteligencias artificiales puede dar lugar al reconocimiento de autoría lo encontramos en el caso de Harold Cohen, quien creó «AARON», un programa informático capaz de generar obras pictóricas. Aunque la creación material era realizada por la máquina, Cohen aportaba el factor humano esencial al definir los parámetros y supervisar el proceso de producción (COHEN, 2016). La legislación británica de 1988 contempló supuesto, en un contexto en el que la autonomía tecnológica aún requería una intervención humana significativa para la consecución del resultado creativo.

Cabe concluir, por tanto, que, ante la creación por parte de la inteligencia artificial asistida por un humano, será este último —quien haya aportado los datos de manera significativa— el titular de la obra producida. En cambio, si el sistema de inteligencia artificial actúa de forma completamente autónoma, la autora de la obra no sería una persona, sino la propia máquina, la cual, al no poder ejercer derechos de autor conforme al artículo 5 de la LPI y daría lugar a que la obra pasase a ser de dominio público[5] al no tener un autor reconocido y, por ende, nadie que otorgue titularidad al equipo informático.

Así, todo aquel equipo técnico-artístico que haya sido simplemente asistido por una inteligencia artificial —pero no sustituido por esta en la creación autónoma de la obra— necesitará ejercer correctamente su cláusula de cesión de derechos de propiedad intelectual pro-parte de la aplicación de inteligencia artificial, ya que, en efecto, es autor de sus propias creaciones.

No obstante, el requisito de que la obra sea realizada por un ser humano no constituye la única condición exigida por la normativa española para que una creación pueda ser calificada como obra susceptible de protección en el ámbito de la propiedad intelectual.

La doctrina[6] establece, además de la exigencia de autoría humana, que la creación se encuadre dentro de las categorías de obras reconocidas legalmente y que cumpla con ciertos requisitos, como la originalidad y la expresión concreta de una idea. Estos requisitos, si bien son aplicables de forma

---

5. Dominio público entendido como los bienes y derechos de dominio público los que, siendo de titularidad pública, se encuentren afectados al uso general o al servicio público, así como aquellos a los que una ley otorgue expresamente el carácter de demaniales, de acuerdo con el art. 5 de la Ley 33/2003, de 3 de noviembre.

6. García Sedano (2016) sostiene que: «no obstante lo reconocido en la ley, el esfuerzo intelectual aplicado al nacimiento de una expresión cualquiera solamente determina un derecho de propiedad sobre el objeto que constituye su fruto. Para que entren en juego los postulados proteccionistas de la propiedad intelectual es necesario que a dicha creación le adornen dos circunstancias, a saber, su originalidad y la expresión formal de la misma por cualquier medio o soporte» (p. 254).

general, pueden presentar especiales dificultades cuando se trata de obras audiovisuales generadas mediante inteligencia artificial, dado que la intervención humana puede no ser fácilmente identificable o cuantificable.

La jurisprudencia española, en el marco de la aplicación de la normativa en materia de propiedad intelectual, ha ido perfilando criterios y resolviendo diversas cuestiones que permiten distinguir entre aquellas creaciones que reúnen los requisitos necesarios para ser consideradas obras protegibles y aquellas otras que, no gozan de dicha protección.

Para que una creación obtenga protección, desde el punto de vista del sistema legal español, debe tratarse de una obra original expresada en un soporte. La originalidad constituye, según define Ávila (2021), «un ingrediente que se le concede a una obra determinada cuando presenta rasgos artísticos característicos, capaces de ser distinguidos dentro de otros de su misma esencia o naturaleza creativa y que exprese e incorpore la personalidad del autor».

Para que una obra sea considerada original, no debe consistir en una mera copia de otra obra preexistente, sino que debe poseer la suficiente singularidad para ser calificada como propia y reflejar un grado suficiente de creatividad (STJUE de 1 de diciembre de 2011, asunto C-145/10). Esta originalidad no exige la concurrencia de novedad o avance técnico, como ocurre en el ámbito de la propiedad industrial (novedad exigida en diseños o patentes).

La doctrina ha desarrollado dos vertientes en la definición de originalidad: la originalidad subjetiva y la originalidad objetiva. La originalidad objetiva se refiere a la existencia de una diferenciación mínima respecto de otras creaciones, un concepto más próximo al de novedad. Por su parte, la originalidad subjetiva se centra en la expresión de la impronta personal del autor en la obra (García, 2016, p. 251-257). Esta última también se identifica con la capacidad de desarrollar la personalidad artística del autor, permitiendo que sus creaciones se diferencien unas de otras. La originalidad subjetiva se trata del tipo de originalidad más valorado por la jurisprudencia.

Esta interpretación puede apreciarse en resoluciones como la Sentencia del Tribunal Supremo 7962/1992, de 26 de octubre, en la que se estimó que las obras cumplen el requisito de originalidad subjetiva cuando «reflejan la personalidad del autor, diferenciándose de las simples reproducciones» o cuando se evidencia en ellas el esfuerzo creativo. Asimismo, la Sentencia del Tribunal de Justicia de la Unión Europea de 11 de junio de 2020, conocida como BROMPTON (asunto C-833/18), reforzó la interpretación de la originalidad subjetiva frente a la objetiva, al otorgar protección a una bicicleta plegable que, si bien no cumplía con un resultado técnico diferenciado, sí reflejaba la expresión de la capacidad creativa de su autor a través de decisiones creativas propias que diferenciaban su creación del resto.

Debe señalarse que, aunque tradicionalmente se valoraba la altura creativa como un criterio relevante en la protección de las obras, la jurisprudencia actual tiende a prescindir del mérito artístico o del esfuerzo creativo como requisitos. La originalidad ya no se asocia necesariamente con belleza o complejidad técnica, sino con una aportación subjetiva y personal del autor. Así lo estableció el Tribunal de Justicia de la Unión Europea en el asunto Infopaq (C-05/08), donde se reconoció como original incluso una secuencia de 11 palabras, siempre que reflejara una elección libre y creativa del autor.

Aunque el concepto de altura creativa no ha desaparecido por completo, hoy en día su uso es más bien excepcional y puntual, especialmente en contextos donde se duda del grado de originalidad de una creación audiovisual. En la actualidad, ni la belleza ni la altura creativa son requisitos indispensables para considerar una creación como una obra intelectual protegible.

El problema en torno a la inteligencia artificial no radica tanto en la originalidad objetiva de sus resultados, sino en la ausencia de originalidad subjetiva. Esta última exige la expresión de la personalidad y creatividad de un autor humano, requisito que un sistema de IA, carente de conciencia y voluntad, no puede satisfacer.

En efecto, la necesidad de que la obra refleje la impronta personal del autor resulta incompatible con la naturaleza propia de la inteligencia artificial, cuya actividad no proyecta personalidad alguna, sino que se limita a responder a los parámetros y datos previamente programados por desarrolladores humanos. Esta carencia de subjetividad y de intencionalidad creativa constituye, por tanto, el principal obstáculo para el reconocimiento de las creaciones generadas por inteligencia artificial como obras protegibles en el ámbito de la propiedad intelectual.

2.3. La participación de la inteligencia artificial generativa

Aunque, en sentido estricto, las creaciones generadas por inteligencia artificial no pueden considerarse obras protegibles conforme a la Ley de Propiedad Intelectual, ello no impide reconocer ciertos paralelismos entre el proceso creativo humano y algunas de las operaciones que estas tecnologías son capaces de ejecutar.

Cuando un sistema de inteligencia artificial se entrena con un propósito específico, analiza patrones y extrae de ellos nuevas combinaciones que le permiten generar respuestas inéditas. Este procedimiento guarda cierta similitud con el proceso de inspiración humana, entendido como la capacidad de integrar experiencias, decisiones, conocimientos y sensaciones preexistentes para dar lugar a creaciones originales (BUGALLO, 2022, p. 39).

El producto de la actividad de la inteligencia artificial puede llegar a constituir una creación que, si bien no es intelectual en sentido estricto —al no provenir de un ser humano—, puede ofrecer un goce estético análogo al generado por las creaciones humanas. Por ello, aunque la elaboración de una obra original se reserve, tal y como recoge la LPI, a aquellas resultantes de una actividad humana, resulta pertinente cuestionar por qué, si una obra generada por IA es capaz de provocar los mismos efectos estéticos, persiste un límite tan estricto en su reconocimiento.

Según SAINZ (2019, p. 4), «cuando la actividad realizada por el sistema de IA emula la capacidad creativa del ser humano, el resultado que produce podría ser una obra de ingenio y esto atañe a la Propiedad Intelectual, en general, y al Derecho de autor, en particular».

Uno de los motivos que contribuye a resolver este debate radica en que, como se ha señalado anteriormente, la inteligencia artificial se basa en el tratamiento de datos preexistentes para generar nuevas ideas. Entre las cuestiones más controvertidas en el proceso de creación de contenidos mediante inteligencia artificial destaca, precisamente, el riesgo de que los datos utilizados durante el entrenamiento y la generación de resultados estén protegidos por derechos de autor.

En este sentido, el denominado Deep Learning[7] cobra especial relevancia. Esta técnica de aprendizaje automático se basa en la interacción entre dos redes neuronales: la red generadora, que corresponde a la inteligencia artificial generativa ya analizada, y la red discriminadora, cuya función consiste en evaluar si las imágenes producidas constituyen creaciones originales o, por el contrario, reproducen elementos derivados de bases de datos preexistentes, sin desarrollar una originalidad autónoma (LACRUZ, 2021, p. 20).

Esto significa que las obras generadas mediante inteligencia artificial generativa han sido elaboradas a partir de la alimentación masiva de datos, lo que implica, en muchos casos, la utilización de un volumen considerable de creaciones intelectuales preexistentes, pertenecientes a otros autores.

Este fenómeno plantea un riesgo importante: las obras creadas por sistemas de inteligencia artificial podrían incorporar elementos protegidos por derechos de autor sin el conocimiento o consentimiento de los titulares originales. Como consecuencia, estas obras generadas por IA podrían ser consideradas obras derivadas, obteniendo protección

---

7. Se denomina *Deep Learning* al tipo de aprendizaje que permite a una máquina identificar funciones complejas a partir de datos presentados en niveles «ocultos» o profundos dentro de una red neuronal. Estas redes simulan el procesamiento de variables para realizar predicciones, reconociendo patrones en grandes volúmenes de información de manera jerárquica y progresiva (PADIAL, 2019, P. 196).

jurídica de forma inadvertida, en detrimento de los derechos de los autores de las obras originales utilizadas en el proceso de entrenamiento.

Una de las consecuencias derivadas del uso de obras protegidas como datos base para la ideación de nuevas creaciones mediante inteligencia artificial es la posible vulneración de los derechos morales de los autores originales. Estos derechos, que incluyen el reconocimiento de la autoría y el respeto a la integridad de la obra[8], pueden verse comprometidos cuando los sistemas de IA integran fragmentos, estilos o elementos característicos de dichas obras sin el consentimiento ni el conocimiento del autor. Esta situación se agrava por el hecho de que, en muchos casos, el usuario que emplea la herramienta de IA no es consciente de que los datos utilizados para generar la creación incluyen obras protegidas.

Un ejemplo de esta vulneración del derecho moral del autor podría encontrarse si un usuario decidiera alterar la apariencia de T'Challa, protagonista de *Black Panther*[9], y lo representara como un personaje blanco. En tal caso, tanto Marvel Studios, como titulares de los derechos patrimoniales y morales de la obra audiovisual, como cualquiera de los autores de la obra audiovisual podría emprender acciones legales contra quien difundiera dicha versión. Esta modificación supondría una vulneración del derecho a la integridad de la obra, al distorsionar de forma sustancial su contenido original y desnaturalizar su mensaje.

Estos sistemas de inteligencia artificial permiten a los usuarios manipular y transformar obras protegibles reconocidas, lo que puede derivar en vulneraciones al artículo 14.4 de la LPI: «4.º Exigir el respeto a la integridad de la obra e impedir cualquier deformación, modificación, alteración o atentado contra ella que suponga perjuicio a sus legítimos intereses o menoscabo a su reputación».

---

8. Estos dos derechos son solo algunos de los reconocidos en el artículo 14 de la LPI, relativo al contenido del derecho moral de los autores.

9. *Black Panther* fue concebida como un símbolo de representación, empoderamiento y orgullo para la comunidad negra, y alterar su identidad afectaría directamente al significado cultural y político de la obra.

Así, como se ha expuesto, la integración de la inteligencia artificial en la ideación de una obra audiovisual puede conllevar una vulneración de los derechos morales de sus titulares, además de dificultar el cumplimiento de los criterios necesarios para que dicha creación sea considerada una obra protegible por el derecho de propiedad intelectual. No obstante, queda por analizar qué ocurriría si fueran los propios autores de la obra audiovisual quienes decidieran emplear inteligencia artificial durante la fase de ideación o en el desarrollo de su aportación creativa.

III. El estatus jurídico autoral de las obras audiovisuales y las contribuciones en el proceso creativo: el dilema de la inteligencia artificial

3.1. La obra audiovisual en el ordenamiento jurídico español

El artículo 10 de la LPI contempla qué obras pueden ser sujeto de protección intelectual, ofreciendo una enumeración extensa pero no restrictiva, de las creaciones que pueden ser protegidas por los derechos de autor. El artículo recoge en su letra d: «Las obras cinematográficas y cualesquiera otras obras audiovisuales».

De igual forma, el artículo 86 de la LPI define las obras cinematográficas y las demás obras audiovisuales como creaciones expresadas a través de una serie de imágenes asociadas, susceptibles de ser proyectadas o comunicadas al público por cualquier medio, sin que se exija un soporte material determinado para su constitución como obra cinematográfica o audiovisual.

El artículo 87 de la Ley de Propiedad Intelectual recoge quiénes son los autores de la obra audiovisual, en los términos previstos en el artículo 7 de la misma ley: el director-realizador, los autores del argumento, la adaptación y del guion o los diálogos, así como los autores de las composiciones musicales, con o sin letra, creadas especialmente para esta obra.

Los autores en la obra audiovisual constituyen uno de los elementos más singulares dentro del Derecho de la Propiedad Intelectual, ya que su configuración se aleja de la noción tradicional de autoría centrada en una sola persona. En este ámbito, la autoría no se individualiza en un único sujeto creador —como ocurre, por ejemplo, en una novela—, sino que la obra audiovisual implica la participación creativa de una pluralidad de autores, cuyas aportaciones individuales son esenciales para la configuración final de la obra y resultan, además, inseparables del conjunto.

Esta coautoría en las obras audiovisuales también tiene repercusiones en el cómputo de la duración de la protección, que se calcula de forma distinta. El ordenamiento jurídico español, en el artículo 26 de la LPI, establece que los derechos de explotación de la obra se extienden durante toda la vida del autor y setenta años después de su muerte o declaración de fallecimiento. Este cómputo resulta aplicable a todo tipo de obras, salvo en casos excepcionales —como las fotografías o las fijaciones de actuaciones—. Así, mientras que en un libro escrito por un solo autor el plazo de protección se inicia tras su fallecimiento, en el caso de una obra audiovisual el cómputo de los setenta años comienza a contar desde la muerte del último de los autores.

La obra audiovisual, por tanto, se califica jurídicamente como una obra en colaboración, entendida como aquella que resulta de la contribución conjunta de varios autores que actúan con una voluntad común de creación y divulgación. Esta figura se diferencia de la obra colectiva o de la obra compuesta precisamente porque las aportaciones, aunque conceptualmente distinguibles, no son separables sin afectar la integridad del conjunto.

Así, como señala Bercovitz (2019, p. 27), en este tipo de obras se aprecia una integración funcional de las distintas contribuciones creativas, como sucede, por ejemplo, en un cómic, donde guionista y dibujante aportan elementos diferentes pero interdependientes.

La obra audiovisual, como obra en colaboración, exige que las aportaciones se produzcan antes de que la obra esté terminada y que tengan tal relevancia que, de eliminarse alguna de ellas, el resultado sería distinto. La Sentencia del Tribunal Supremo de 26 de abril de 2017 analiza este tipo de colaboración en el contexto de la obra arquitectónica, pero sus conclusiones pueden trasladarse también a las obras audiovisuales. En ambos casos, las aportaciones individuales deben ser reconocibles y esenciales para el conjunto final, siendo indistinguibles entre sí.

En el caso del audiovisual, esta interdependencia es especialmente evidente en las figuras autorales, la aportación del director-realizador, cuya intervención dota de unidad expresiva al conjunto de la obra y resulta inseparable del resto de elementos, aunque puede ser identificada por el espectador en aquellos casos en los que el director decide reflejar su «seña de identidad». Otro ejemplo claro de aportación distinguible dentro de la obra audiovisual es el guion, que suele elaborarse antes de la producción de la película. Antes de llegar al resultado final, es necesario considerar que el guion, como es sabido, puede ser objeto de explotación independiente[10]. También cabe la explotación independiente de la banda sonora, a través de plataformas como Spotify, Apple Music u otras plataformas de intercambio de vídeo.

Aunque la Ley de Propiedad Intelectual reconoce expresamente como autores de la obra cinematográfica únicamente al director-realizador, al guionista y al compositor musical, esta enumeración ha sido matizada por otras normativas del propio ordenamiento jurídico. En concreto, la Ley del Cine, en su artículo 5.1.a), incluye también al director de fotografía dentro del elenco de autores, junto al director, el guionista y el compositor musical.

---

10. Las producciones audiovisuales, en muchas ocasiones, comienzan a partir de un encargo de guion, donde el productor encarga al guionista o grupo de guionistas la escritura del guion específico para la obra audiovisual. En otros casos, el guionista prepara el texto con la intención de venderlo a diferentes productoras, o bien el productor ejerce un derecho de opción sobre el mismo o lo adquiere directamente para llevarlo a producción. Por este motivo, se considera que el guion es la aportación más distinguible del conjunto, ya que constituye la base de la obra cinematográfica y, desde un primer momento, puede ser objeto de explotación independiente.

De esta forma, puede extraerse que la Ley del Cine[11] incluye al director de fotografía dentro del elenco de autores de la obra audiovisual. Estos profesionales son los responsables directos de las imágenes en movimiento, aportando el componente visual esencial que da vida a la obra y dotándola de matices expresivos que enriquecen tanto el contenido narrativo como su subtexto. A pesar de ello, no existe una razón jurídicamente justificada para su exclusión del elenco de autores recogido en la LPI. Se presume que, al estar subordinados a las directrices del director-realizador, su aportación queda absorbida por la labor de este último. Esta visión ignora la impronta personal, original y creativa que los directores de fotografía imprimen a cada proyecto, tal y como señala la doctrina (SERRANO, 2008, p. 65).

A los efectos del presente capítulo, se analizará la influencia de la inteligencia artificial en los tres autores mencionados dentro de la LPI, y se considerará al director de fotografía un técnico más, ya que su relación con la inteligencia artificial suele ir, en palabras de quien suscribe estas líneas, más ligada a lo puramente técnico que a lo artístico.

3.2. Intervención de la IA en la creación de obras audiovisuales: implicaciones autorales

3.2.1. El director-realizador

El director es el agente creativo central de la obra cinematográfica, al ser quien concibe y coordina de forma unitaria los distintos elementos expresivos que la integran. Su papel no se limita a una función técnica, sino que implica una visión integral de la obra. Esta posición preeminente justifica su reconocimiento legislativo como autor principal en nume-

---

11. Inicialmente, la Ley del Cine se centró en medidas como el aumento del fondo de ayudas, criterios para productoras independientes y cuotas de exhibición europea. Sin embargo, no fue hasta el Anteproyecto de Ley del Cine y la Cultura Audiovisual de 2022 cuando se introdujeron reformas relevantes, como la regulación de plataformas de streaming. Tras un periodo de paralización, el Gobierno retomó el texto en junio de 2024 para adaptarlo a las nuevas directrices europeas, con vistas a su aprobación a finales del mismo año (LARDIEZ, 2024).

rosas legislaciones, no solo por razones sectoriales, sino por su función estructural dentro del proceso creativo cinematográfico (VILLALBA y LIPSZYC, p. 129).

A diferencia de otros creadores cuya aportación se materializa de forma más delimitada —como puede ser el caso del guionista o del compositor musical—, la intervención del director resulta más difícil de aislar, ya que se entrelaza con todos los aspectos de la obra de forma global y continua. Esta naturaleza homogénea de su participación hace también más compleja su reproducción por parte de herramientas automatizadas. En consecuencia, la inteligencia artificial, aunque puede resultar útil como complemento creativo o técnico, es muy difícil que sustituya el carácter autoral del director, salvo en un escenario extremo en el que fuera la propia inteligencia artificial la que dirigiera la obra de forma autónoma, sin participación activa humana en las decisiones artísticas.

Entre los usos posibles de estas tecnologías por parte del director destacan, por ejemplo, la previsualización de escenas, mediante storyboards animados o simulaciones visuales que facilitan la planificación de la puesta en escena, así como la selección asistida de tomas en postproducción, a través de herramientas que optimizan el proceso de edición sin interferir en la visión artística del realizador. Estos usos ilustran que la inteligencia artificial puede actuar como soporte práctico, siempre que se respete la autonomía creativa del resto de intervinientes.

Un ejemplo paradigmático es el del cineasta Paul Schrader, quien ha defendido públicamente el uso de la inteligencia artificial como herramienta de apoyo para el desarrollo de ideas, la elaboración de tramas o la generación de esquemas visuales. No obstante, incluso él subraya que el componente personal y expresivo del proceso creativo continúa siendo exclusivo del artista humano.

Cabe concluir, por tanto, que la figura del director-realizador difícilmente puede ser sustituida en su función autoral por una inteligencia artificial sin que el resultado lo evidencie claramente ante el espectador. La autoría del director permanece incuestionable siempre que sea él quien tome las decisiones fundamentales y utilice la inteligencia artificial como medio auxiliar, y no como agente creativo autónomo que controle la totalidad del proceso cinematográfico.

3.2.2. El guionista

El guionista, como lo describe GÓMEZ (2009, pg. 5) es la persona encargada de crear, escribir y estructurar una obra audiovisual. Su labor no se limita únicamente a inventar el argumento, los personajes y los diálogos, sino que también debe organizar el relato en términos dramáticos o narrativos, ajustándose a las exigencias y particularidades del medio en el que se difundirá la obra. En la práctica profesional, especialmente en el ámbito televisivo, resulta habitual que el trabajo de guion no lo realice un único autor, sino que se lleve a cabo por un grupo de guionistas. Estos equipos trabajan de manera coordinada, normalmente bajo la dirección de un jefe de guionistas, lo que permite mantener la coherencia narrativa a lo largo de los distintos capítulos y asegurar una producción ágil y eficaz.

Frente a la naturaleza de obra en colaboración que caracteriza a la obra audiovisual, construida a partir de varias aportaciones autorales claramente identificables —como los diálogos, la composición musical o la dirección—, cabe plantearse que, en ciertos supuestos, como el de los equipos de guionistas, el propio guion podría ser considerado una obra colectiva. Esto ocurre cuando intervienen varios autores en su elaboración, pero resulta imposible atribuir de forma individual cada línea o fragmento a un guionista concreto. En estas circunstancias, tal como señala COUSIDO (2012, p. 7), sería posible calificar el guion como una obra colectiva en la que las aportaciones se integran en un resultado común sin identificación individualizada.

Entendiendo, por tanto, el guion como una obra colectiva, cabe plantear el debate sobre qué ocurriría si la aportación realizada por uno de los integrantes del equipo de guionistas fuese fruto de la intervención de una inteligencia artificial. Siguiendo la línea argumentativa ya expuesta, si la inteligencia artificial ha asistido en la creación de dicha aportación, y ha existido una intervención humana significativa, sería la persona que haya proporcionado los datos y dirigido el proceso creativo de forma sustancial quien ostentaría la titularidad de los derechos sobre la obra resultante. Ahora bien, si se tratara de un supuesto en el que la inteligencia artificial generativa hubiera creado de forma totalmente autónoma la aportación al guion, la situación cambiaría sustancialmente, ya que la titularidad pasaría a ser del sistema de inteligencia artificial ejecutor y, por ende, pasaría a dominio público.

Dicho resultado no podría calificarse como original si se limita a reproducir patrones aprendidos de obras anteriores del propio autor. No obstante, podría defenderse su legitimidad si se considera que dichos elementos actúan como fuente de inspiración y no como una reproducción literal o un plagio directo.

El plagio, en su acepción más sencilla, se entiende como toda copia sustancial de obras ajenas. Se trata de una actividad material, mecanizada, carente de originalidad y creatividad, sin intervención del genio o talento humano, aunque pueda manifestar cierto ingenio. Así lo establece la Sentencia del Tribunal Supremo de 28 de enero de 1995 (RJ 1995, 387). Frente a ello, la inspiración se configura como una obra que, si bien se apoya en otras preexistentes, incorpora una plusvalía en forma de novedad que le permite diferenciarse. En palabras de NETTEL (2013, p. 150), el plagio consiste en copiar las ideas de otros y presentarlas como propias, mientras que la inspiración implica un proceso creativo transformador.

En cualquier caso, dicha creación no sería protegible como obra autónoma si no ha sido realizada por un ser humano, conforme a lo establecido en el artículo 5 de la LPI. Esta exigencia de autoría humana se encuentra, además, respaldada a nivel internacional por el artículo 2.1 del Convenio de Berna para la Protección de las Obras Literarias y Artísticas[12]. Aunque dicho convenio no define de manera expresa

---

12. El Convenio de Berna, firmado en 1886, se considera la primera iniciativa internacional para la protección de la propiedad intelectual. Fue resultado de negociaciones entre Europa y América, con revisiones sucesivas en Berlín (1908), Roma (1928), Bruselas (1948), Estocolmo (1967) y, finalmente, en París (1971). Este tratado estableció que los países miembros de la Unión de Berna, es decir, aquellos que habían

el concepto de «autor», se sobreentiende que hace referencia a una persona natural, en tanto que la protección se articula en torno a los derechos de los autores sobre sus obras. En consecuencia, no se contempla la posibilidad de atribuir derechos de autor a creaciones generadas de forma autónoma por sistemas de inteligencia artificial sin intervención humana significativa.

Sin embargo, la normativa vigente en materia de creaciones intelectuales no exige que las distintas contribuciones a la obra audiovisual tengan, por sí solas, la consideración de obra intelectual protegible; basta con que sean originales y no constituyan una copia ilícita. Por tanto, aunque una aportación generada de forma autónoma por la inteligencia artificial no fuera protegible como obra individual conforme a los estándares actuales, podría considerarse, en determinados supuestos, una aportación dentro del conjunto de la obra audiovisual.

En este sentido, GONZÁLEZ (2001) sostiene que la obra audiovisual se compone de múltiples contribuciones que, aunque no sean individualmente protegibles, forman parte de un todo original y creativo. Esta postura refuerza la idea de que la originalidad del conjunto puede conferir protección a las partes que lo integran, siempre que su aportación resulte esencial para la configuración final de la obra.

Por ello, y en relación con lo que mencionábamos sobre el reconocimiento de la originalidad de una obra para su protección, podemos observar cómo, en realidad, dentro del sector audiovisual y cinematográfico, el concepto de originalidad tiende a percibirse más en relación con la obra en sí misma que con el autor y el proceso creativo del individuo.

La problemática surge cuando la obra se basa en una creación ilícita o carente de originalidad, lo que podría dar lugar a un supuesto de plagio o a la vulneración de derechos sobre

---

ratificado el Convenio, podían garantizar la protección de las obras en cualquier otro país que también lo hubiera suscrito. Fue enmendado finalmente en 1979. Este marco normativo sentó las bases para la protección uniforme de los derechos de autor a nivel internacional. Actualmente el Convenio de Berna ha sido firmado por 181 países.

otras obras protegidas. En la actualidad, existen numerosas obras literarias que han sido elaboradas, total o parcialmente, mediante herramientas de inteligencia artificial generativa. Algunos ejemplos relevantes son The Star Weaver's Lesson: Magical Bedtime Story, de Travis Simpler, o el caso de Jorge Carrión, quien ha publicado Los campos electromagnéticos, una obra resultante del diálogo entre un sistema basado en ChatGPT-2 y otro en ChatGPT-3 (VEGA, 2024).

En el caso de que se decida elaborar un guion basado en una obra literaria, será necesario contar con la correspondiente autorización del titular de los derechos sobre la obra literaria original. El derecho de transformación es el que faculta a realizar modificaciones o adaptaciones de dicha obra, permitiendo su conversión en una creación derivada, como puede ser una obra audiovisual. Este derecho resulta fundamental en los procesos de adaptación de libros, cómics u otras obras preexistentes al formato cinematográfico, incluyendo remakes, biopics o live-actions. En todos estos supuestos, resulta imprescindible la previa cesión del derecho de transformación por parte del autor o titular.

Sin embargo, si la obra literaria en la que se pretende basar el guion ha sido creada por una inteligencia artificial, no podrá considerarse una obra literaria protegida, y, en consecuencia, no existirán derechos de explotación que puedan ser objeto de cesión, por cuanto nunca habrán surgido. En este contexto, los guionistas podrán hacer uso de dicha creación en la elaboración de su propio guion, al tratarse de un contenido en dominio público por haber sido generado por una inteligencia artificial. Incluso cabría la posibilidad de que, a partir de una creación originada por inteligencia artificial, si se incorpora un grado suficiente de originalidad y novedad por parte humana, el resultado pueda llegar a constituirse como un guion protegible.

La creciente intervención de la inteligencia artificial en el ámbito audiovisual ha dado lugar a acontecimientos significativos, como la reciente huelga del Sindicato de Guionistas de Estados Unidos (Writers Guild of America, WGA), que se extendió durante casi cinco meses en el año 2023. Esta situación evidenció las tensiones cada vez más marcadas entre el uso de tecnologías emergentes —como la inteligencia artificial generativa— y la protección de los derechos de autor en el sector audiovisual (Muñoz, 2024).

El sindicato defendió con determinación la autoría humana, subrayando que los guiones generados de forma parcial o total por sistemas de inteligencia artificial no pueden sustituir la labor creativa del guionista. La preocupación no se limita exclusivamente al posible desplazamiento laboral, sino que también abarca la pérdida de profundidad artística y narrativa que supondría delegar la creación de relatos a una herramienta algorítmica carente de sensibilidad, contexto cultural o experiencia humana.

Como resultado de la presión ejercida por el sindicato, el acuerdo alcanzado en 2023 introdujo restricciones relevantes: las productoras no podrán obligar a los guionistas a utilizar inteligencia artificial, ni emplear sus guiones como base de datos para el entrenamiento de modelos de IA. Asimismo, se reconoció expresamente el derecho de los guionistas a que su trabajo no sea reemplazado por contenidos generados mediante estas tecnologías.

3.2.3. El compositor musical

Respecto al último de los autores reconocidos por la Ley de Propiedad Intelectual, el compositor de las piezas musicales —con o sin letra— creadas especialmente para la obra audiovisual, se analizará cómo el uso de inteligencia artificial en su trabajo podría afectar a la protección jurídica de dichas composiciones, e incluso llegar a impedir su distribución e integración en la obra.

El compositor musical es la persona encargada de crear y estructurar obras musicales, ya sea para su interpretación en vivo, para grabaciones o para medios audiovisuales como el cine, la televisión o los videojuegos. En el contexto cinematográfico, su labor consiste en escribir la letra, la música o ambas, así como en integrarlas de forma coherente con la narrativa visual y emocional de la obra, asegurándose de que la música refuerce el tono, la atmósfera y las emociones transmitidas a través de las imágenes (Radigales, 2008, p. 52).

Así, la aportación de la banda sonora debe crearse en consonancia con la obra audiovisual, y en muy pocas ocasiones surge una figura visual derivada exclusivamente de la creación de una composición musical.

Las intervenciones de la inteligencia artificial en la creación de una banda sonora conllevarían los mismos problemas comentados anteriormente: si existe la intervención humana, quien haya introducido los datos de forma significativa será el titular de la obra producida, mientras que, si el sistema de inteligencia artificial trabaja de forma autónoma y a través de IA generativa, la autora de la obra no sería una persona, sino la propia máquina, y, por tanto, la obra quedaría en dominio público.

La problemática jurídica respecto a la composición musical se intensifica cuando la inteligencia artificial no se utiliza para generar una obra completamente original e independiente, sino que su aplicación se dirige a recrear, transformar o imitar una obra preexistente.

A diferencia del supuesto comentado en el epígrafe anterior —en el que se puede producir un libro íntegramente mediante inteligencia artificial sin que exista una obra previa identificable ni se derive de una transformación de contenido protegido, y por tanto sin que se vulnere ningún derecho preexistente—, en los casos en los que la IA se emplea para generar, por ejemplo, una canción a partir de otra ya existente, el conflicto con los derechos de autor resulta evidente.

En este contexto, la obra generada no constituye una creación autónoma, sino una derivación directa de una obra anterior, lo que activa la necesidad de obtener la correspondiente autorización por parte del titular de los derechos sobre la obra original. De conformidad con lo establecido en el artículo 21 de la LPI, este tipo de autorización y uso entraría dentro del ámbito del derecho de transformación, que protege al autor frente a modificaciones, adaptaciones o cualquier tipo de reutilización de su obra sin su consentimiento expreso.

Por tanto, cuando la inteligencia artificial interviene sobre una obra preexistente para generar un resultado nuevo —como ocurre en el caso del sampling[13] musical automatizado—, se estaría realizando una explotación de la creación original que, sin la debida autorización, vulneraría tanto los derechos patrimoniales como los derechos morales del autor primigenio. No es necesario contar con la participación del autor de la primera obra en la nueva composición musical, solo se necesita su autorización.

Existen numerosos ejemplos de sampling en la industria musical. Un caso representativo es el de Rosalía, quien en su tema «Bagdad», incluido en el álbum El Mal Querer, reutiliza fragmentos melódicos de la canción «Cry Me a River» de Justin Timberlake, fusionando R&B con flamenco en una creación innovadora. En el ámbito jurídico, resulta especialmente relevante el caso Bright Tunes Music Corp. v. Harrisongs Music, Ltd., donde se juzgó la similitud entre «He's So Fine» y «My Sweet Lord», interpretada por George Harrison. Aunque el artista alegó no haber tenido intención de copiar la canción original y explicó su proceso creativo, el tribunal concluyó que, pese a la ausencia de intención, sí se había producido una infracción de los derechos de autor. Este precedente establece que no es necesario probar la voluntad deliberada de copiar para que exista infracción, ya que la similitud sustancial puede bastar para considerar vulnerados los derechos sobre la obra original.

Como se ha mencionado previamente, una aportación no necesariamente debe ser completamente protegible bajo derechos de autor para formar parte de una obra audiovisual. Lo relevante no es tanto la originalidad individual de cada contribución, sino la originalidad del conjunto de la obra. No obstante, uno de los requisitos fundamentales es que la obra sea lícita y no vulnere derechos de terceros. En este sentido, el uso de un sample no autorizado podría contravenir los derechos del titular de la obra original de la que se ha extraído dicho fragmento, lo que impediría su integración como parte legítima de la obra audiovisual, salvo que se disponga de la

---

13. Según CUSSEN (2015, pg. 13) el *sampling* es el acto de tomar una porción, o muestra, de una grabación de sonido y reutilizarla como un instrumento o como parte de una grabación sonora diferente de una canción.

correspondiente autorización, en forma de licencia o cesión del derecho de transformación.

No existiría problema jurídico si se adquiere legalmente ese uso a través de una licencia, que es el mecanismo habitual en este tipo de situaciones. Normalmente, este tipo de licencias permiten el uso no exclusivo del fragmento musical, así como la adquisición de derechos de explotación, a menudo con alcance global y duración indefinida. De este modo, se garantiza la utilización lícita del sample tanto en la banda sonora como en la propia obra audiovisual de forma permanente.

Otra situación que constituiría un acto ilícito —y, por tanto, una aportación inadmisible dentro de la banda sonora de una obra audiovisual— sería la integración de la voz de una cantante generada mediante inteligencia artificial, de tal forma que se haga creer al público que la canción está siendo interpretada por dicho artista, sin su consentimiento.

Este tipo de prácticas pueden vulnerar no solo derechos de propiedad intelectual, sino también derechos de la personalidad, particularmente el derecho a la propia imagen y a la identidad vocal. La voz, como elemento distintivo y personalísimo del intérprete, se encuentra protegida frente a usos no autorizados que puedan inducir a error o explotar comercialmente su identidad.

Un ejemplo reciente que ha generado amplia repercusión es el caso del artista Bad Bunny, quien manifestó públicamente su rechazo ante el éxito viral de la canción NostalgIA, difundida en redes sociales en octubre de 2023. Este tema, de estilo reguetón, simula una colaboración entre Bad Bunny, Justin Bieber y Daddy Yankee, utilizando inteligencia artificial para replicar sus voces sin autorización. La canción se hizo viral en plataformas como TikTok, generando no solo un debate ético, sino también jurídico en torno al uso de la identidad vocal de artistas sin su intervención directa ni consentimiento expreso.

En este supuesto, sería imprescindible contar con la autorización expresa del titular de los derechos de la voz para evitar incurrir en una intromisión ilegítima en su derecho a la propia imagen. La Ley Orgánica 1/1982, de 5 de mayo, de protección civil del derecho al honor, a la intimidad personal y familiar y a la propia imagen, establece en su artículo 7 que constituyen intromisiones ilegítimas, entre otras, la captación, reproducción o publicación de la imagen de una persona mediante cualquier procedimiento, así como —según el artículo 7.6— «la utilización del nombre, de la voz o de la imagen de una persona para fines publicitarios, comerciales o de naturaleza análoga».

3.2.4. Otras figuras en la obra audiovisual

Dentro de la industria audiovisual, una de las figuras más relevantes es la del actor o artista ejecutante, reconocida legalmente en el artículo 105 del Texto Refundido de la Ley de Propiedad Intelectual (TRLPI). Dicha norma define al artista, intérprete o ejecutante como «la persona que represente, cante, lea, recite, interprete o ejecute en cualquier forma una obra». Asimismo, el precepto extiende estos derechos al director de escena y al director de orquesta, quienes también se consideran titulares de los derechos reconocidos a los artistas en ese título[14].

Aunque los intérpretes no ostentan la condición de autores de la obra audiovisual, sí gozan de derechos sobre sus interpretaciones, reconocidos y protegidos por la Ley de Propiedad Intelectual. Estos derechos se dividen, al igual que ocurre con los autores, en derechos patrimoniales y derechos morales (SAIZ GARCÍA, 2022, p. 242)

Los artistas intérpretes tienen derecho a autorizar determinados usos de sus interpretaciones, con carácter exclusivo. Estas autorizaciones deben formalizarse siempre por escrito y tienen una duración de 50 años, contados desde el 1 de enero del año siguiente a la interpretación, conforme al

---

14. Los derechos conexos de los artistas intérpretes o ejecutantes en el ámbito audiovisual fueron reconocidos por primera vez en la Convención de Roma de 1961, otorgándoles protección frente a la radiodifusión o grabación no autorizada de sus actuaciones. No obstante, a diferencia de lo que ocurre con los intérpretes musicales, en el sector audiovisual estos derechos se limitan significativamente, ya que una vez consentida la primera fijación de la interpretación, los artistas pierden control sobre su uso posterior.

artículo 112 TRLPI. Entre los principales derechos patrimoniales[15] se encuentran:

- Derecho de fijación (art. 106 TRLPI): permite autorizar la grabación de su actuación.

- Derecho de reproducción (art. 107 TRLPI): permite autorizar la obtención de copias a partir de la fijación.

- Derecho de distribución (art. 109 TRLPI): faculta a autorizar la puesta a disposición de copias por medio de venta, alquiler, préstamo u otros mecanismos.

- Derecho de comunicación pública (art. 108 TRLPI): autoriza el acceso a la interpretación por parte de una pluralidad de personas, sin necesidad de distribución previa de ejemplares, incluyendo la puesta a disposición interactiva.

Varios de los derechos patrimoniales reconocidos a los intérpretes son objeto de gestión colectiva obligatoria, en virtud de lo dispuesto en la Ley de Propiedad Intelectual. En el caso de los artistas del medio audiovisual, dicha gestión corresponde a AISGE, entidad encargada de recaudar y distribuir las cantidades derivadas de la explotación de sus interpretaciones.

Entre estos derechos se incluye el derecho de remuneración por la puesta a disposición interactiva de las interpretaciones, expresamente reconocido en el artículo 108.4 TRLPI. Asimismo, la ley otorga a los intérpretes derechos de remuneración irrenunciables en los siguientes supuestos:

- Por la comunicación pública de sus interpretaciones, incluida la puesta a disposición interactiva.

- Por el alquiler de sus actuaciones.

- Por la reproducción para uso privado (copia privada), cuya compensación se financia con cargo a los Presupuestos Generales del Estado.

---

15. Cabe mencionar que los artistas, intérpretes y ejecutantes no gozan del derecho de transformación reconocido por la Ley de Propiedad Intelectual.

La relación contractual que vincula a los artistas intérpretes o ejecutantes con el productor reviste, por lo general, naturaleza laboral, e implica la cesión de los derechos de propiedad intelectual sobre sus interpretaciones. Esta cesión resulta imprescindible para que el productor pueda ejercer válidamente su función como titular derivado de derechos y, en consecuencia, negociar la explotación, distribución y comercialización de la obra audiovisual.

En este contexto, la figura del productor se configura como aquella que, a través de la cesión de derechos por parte de los distintos intervinientes, actúa como representante legítimo de estos en los procesos de producción, financiación y explotación comercial de la obra audiovisual. No obstante, esta cesión, generalmente tratada como obligatoria en la práctica contractual, ha suscitado un importante debate en torno a sus posibles efectos sobre los derechos de los intérpretes y autores.

Tal y como señala CABALLENAS (2014, p. 301), debe tenerse presente que no se crea en cabeza del productor un derecho exclusivo adicional al derivado de los derechos de autor, sino una legitimación o facultad personal, con características diferentes a las del derecho de autor. Es decir, el productor no adquiere la condición de autor, sino una habilitación jurídica para gestionar y explotar los derechos que le han sido cedidos.

Sin embargo, esta legitimación puede entrar en conflicto con los derechos individuales de los intérpretes, ya que los productores, en el ejercicio de sus funciones, pueden intervenir en las interpretaciones de los artistas y autores, y llegar a generar perjuicios sobre la integridad de sus obras o actuaciones o sobre su reputación profesional.

El uso de inteligencia artificial en este contexto difícilmente puede ser planteado como una herramienta al servicio del propio artista intérprete en el momento de ejecutar su actuación. Sin embargo, la problemática no debe enfocarse desde la perspectiva del intérprete, sino desde la posición del productor, quien, en virtud de la relación laboral existente, de la cesión de los derechos de propiedad intelectual sobre las interpretaciones y de su condición superior como titular derivado, puede llegar a intervenir en ellas mediante el uso de herramientas de inteligencia artificial.

Un ejemplo reciente que ha generado polémica es el caso del filme *The Brutalist*, en cuya fase de postproducción se utilizó inteligencia artificial para modificar la voz del actor Adrien Brody con el fin de intensificar su acento húngaro.

Aunque el productor haya adquirido los derechos de explotación sobre la interpretación del actor, ello no implica que pueda modificarla libremente. Los derechos morales del intérprete, en particular el derecho a la integridad, permanecen plenamente vigentes y protegidos por la ley. Por tanto, cualquier alteración realizada mediante inteligencia artificial que afecte sustancialmente a la actuación requeriría una autorización expresa del artista, ya que podría comprometer el carácter original y personal de su aportación.

Es lógico que este tipo de situaciones generen debate, ya que se difumina la percepción sobre si una actuación destacada se debe exclusivamente al talento del intérprete o si ha sido condicionada por intervenciones realizadas mediante inteligencia artificial

En estos supuestos, la cuestión de la autoría es compleja, aunque difícilmente puede atribuirse a un tercero distinto del intérprete o del productor como derechohabiente. La interpretación adquiere su originalidad precisamente por la contribución del ejecutante, mientras que la inteligencia artificial, en estos casos, cumple únicamente una función técnica o productiva, sin generar una aportación autónoma susceptible de protección como obra en sí misma.

Sin embargo, resulta comprensible que, aun cuando la autoría no se vea jurídicamente comprometida, sí se vea afectada la percepción crítica, tanto por parte del espectador como de la industria audiovisual, al diluirse la esencia interpretativa del artista y dificultarse la valoración auténtica de su ejecución en contextos como festivales o premiaciones.

IV. Bibliografía

Libros

BERCOVITZ RODRÍGUEZ-CANO, R. (2019). «La obra». En R. BERCOVITZ RODRÍGUEZ-CANO (Coord.), *Manual de propiedad intelectual* (9.ª ed., pp. 53-81). Tirant lo Blanch.

BONDÍA ROMÁN, F. (1988). *Propiedad intelectual: Su significado en la sociedad de la información*. Editorial Trivium.

GÓMEZ TARÍN, F. J. (2009). *El guión audiovisual y el trabajo del guionista: Teoría, técnica y creatividad*. Shangri-La Ediciones.

GONZÁLEZ GOZALO, A. (2001). *La propiedad intelectual sobre la obra audiovisual* (Colección Estudios de Derecho Privado, Biblioteca Ramón Casas). Editorial Comares.

GUTIÉRREZ GARCÍA, E. (2024). *Los derechos de autor sobre la obra audiovisual: El montador como creador*. Editorial Reus.

KERRIGAN, C. (Ed.). (2022). *Artificial intelligence: Law and regulation*. Edward Elgar Publishing.

LACRUZ MANTECÓN, M. L. (2021). *Inteligencia artificial y derecho de autor* (Colección de Propiedad Intelectual). Editorial Reus. https://doi.org/10.30462/9788429025552

MUÑOZ, R. (2024). «La huelga de guionistas en EE. UU. y su eco en España». En J. J. MARÍN LÓPEZ & F. J. CABRERA BLÁZQUEZ (Coords.), *Los derechos de autor y la inteligencia artificial generativa en la creación audiovisual* (pp. 97-105). Ministerio de Cultura.

PRINS, C., SHEIKH, H., & SCHRIJVERS, E. (2023). *Mission AI: The new system technology* (Research for Policy). Springer. https://doi.org/10.1007/978-3-031-21448-6

RADIGALES, J. (2008). *La música en el cine*. Editorial UOC.

SERRANO GÓMEZ, E. (2008). «Los autores. Los creadores. Otros intervinientes». En C. IGLESIAS REBOLLO (Coord.), *La ley del cine y el derecho de autor* (pp. 54-78). Editorial Reus.

VILLALBA, C. A., & LIPSZYC, D. (2001). *El derecho de autor en la Argentina: Ley 11.723 y normas complementarias y reglamentarias, concordadas con los tratados internacionales, comentadas y anotadas con la jurisprudencia.* La Ley. (Biblioteca Ramón Casas. Manual).

Revistas electrónicas

ÁVILA VALLECILLO, J. A. (2021). «Reflexiones sobre los desafíos que plantea la inteligencia artificial al derecho de autor». *Revista de la Facultad de Derecho de México,* 71(281), 337-356. https://doi.org/10.22201/fder.24488933e.2021.281-1.80288

ÁVILA VALLECILLO, J. A. (2021). Inteligencia artificial: Discusiones e implicaciones actuales en materia de derechos de autor [Artificial intelligence: Current discussions and implications on copyright]. *Revista de la Facultad de Derecho de México,* 71(281), 59. http://10.22201/fder.24488933e.2021.281-1.80288

BUGALLO MONTAÑO, B. (2022). «La inspiración en la inteligencia artificial y el caso de los datos cuyo contenido son obras protegidas por el Derecho de Autor». *Revista de Derecho,* 21(41), 33-52. https://doi.org/10.47274/DERUM/41.3

CABANELLAS DE LAS CUEVAS, G. (2014). «Las obras cinematográficas y otras obras audiovisuales». *Revista Iberoamericana de la Propiedad Intelectual, (4),* 239-327. Recuperado de https://ojs.austral.edu.ar/index.php/ripi/article/view/429

COHEN, P. (2016). «Harold Cohen and AARON». *AI Magazine,* 37(4), 63-66. https://doi.org/10.1609/aimag.v37i4.2695

Cussen, F. (2015). «La escritura de música electrónica: Sampling, reciclaje y creación». *Resonancias: Revista de investigación musical, 19*(36), 11-26. https://doi.org/10.7764/res.2015.36.2

García Sedano, T. (2016). «Análisis del criterio de originalidad para la tutela de la obra en el contexto de la ley de propiedad intelectual». *Anuario Jurídico y Económico Escurialense, 49,* 251-274. https://dialnet.unirioja.es/descarga/articulo/5461255.pdf

Ginsburg, J. C., & Budiardjo, L. A. (2019). «Authors and machines». *Berkeley Technology Law Journal, 34*(1), 343-445. https://doi.org/10.15779/Z38SF2MC24

González Fernández, R. (2007). «El Test de Turing: Dos mitos, un dogma». *Revista de Filosofía, 63,* 37-53. https://repositorio.uchile.cl/bitstream/handle/2250/143626/El%20Test%20de%20Turing.pdf?sequence=1

McCarthy, J., Minsky, M. L., Rochester, N., & Shannon, C. E. (2006). «A proposal for the Dartmouth Summer Research Project on Artificial Intelligence», August 31, 1955. *AI Magazine, 27*(4), 12. https://doi.org/10.1609/aimag.v27i4.1904

Nettel Díaz, A. L. (2013). «Derecho de autor y plagio». *Alegatos, (83),* enero-abril. https://www.corteidh.or.cr/tablas/r32329.pdf

Presno Linera, M. Ángel, & Meuwese, A. (2024). «La regulación de la inteligencia artificial en Europa». *Teoría y Realidad Constitucional, (54),* 131-161. https://doi.org/10.5944/trc.54.2024.43310

Presno Linera, M. Ángel, & Meuwese, A. (2024). «La regulación de la inteligencia artificial en Europa». *Teoría y Realidad Constitucional, (54),* 131-161. https://doi.org/10.5944/trc.54.2024.43310

Saiz García, C. (2019). «Las obras creadas por sistemas de inteligencia artificial y su protección por el derecho de autor [AI created works and their protection under copyright law]». *Indret: Revista para el Análisis del Derecho*, *1*, 1-45. https://papers.ssrn.com/sol3/papers.cfm?abstract_id=3365458

SÁNCHEZ GARCÍA, R. (2002). «La propiedad intelectual en la España contemporánea, 1847-1936». *Hispania*, *62*(212), 993-1020. Consejo Superior de Investigaciones Científicas. https://hispania.revistas.csic.es

SÖĞÜT, A. (2024). «Dealing with AI-generated works: Lessons from the CDPA section 9(3)». *Journal of Intellectual Property Law & Practice*, *19*(1), 43-54. https://doi.org/10.1093/jiplp/jpad102

STEELS, L., & LÓPEZ DE MÁNTARAS, R. (2018). «The Barcelona declaration for the proper development and usage of artificial intelligence in Europe». *AI Communications*, *31*(4), 485-494. https://doi.org/10.3233/AIC-180607

Revistas académicas

COUSIDO GONZÁLEZ, M. P. (2012). «La propiedad intelectual del guionista». *Nueva Época, (8)*, 7.

PADIAL, J. J. (2019). «Técnicas de programación «Deep Learning»: ¿Simulacro o realización artificial de la inteligencia?», *Naturaleza y Libertad, (12)*, 191-210.

SAIZ GARCÍA, C. (2022). «El concepto de artista intérprete o ejecutante del artículo 105 TRLPI». *Actas de Derecho Industrial y Derecho de Autor*, *42*, 241-266.

Informe técnico

BORJAS, S. (2013). *Los derechos de autor en la obra audiovisual* [Informe]. Universitat Oberta de Catalunya. https://openaccess.uoc.edu/server/api/core/bitstreams/d2c49df5-111a-430f-b9c2-064de21bd7be/content

EUROPEAN COMMISSION. (s. f.). *Regulatory framework on artificial intelligence*. Shaping Europe's Digital Future. Recuperado de https://digital-strategy.ec.europa.eu/es/policies/regulatory-framework-ai

Páginas web

BLOGTHINKBIG. (s. f.). «IA en el cine». *BlogThinkBig*. Recuperado de https://blogthinkbig.com/ia-en-el-cine

CASTELLOTE, R. (2013, 3 de mayo). «Derecho de autor vs copyright: El caso de "La jungla de asfalto"». *¡Autor, autor!* https://ruthcastellote.wordpress.com/2013/05/03/derecho-de-autor-vs-copyrigth-el-caso-de-la-jungla-de-asfalto/

CUBELLS, M. (2024, 21 de agosto). «La historia de aquel vestido de Carmen Maura en "La ley del deseo" o cómo una casualidad hizo historia del cine español». *S Moda*. https://elpais.com/smoda/moda/2024-08-21/la-historia-de-aquel-vestido-de-carmen-maura-en-la-ley-del-deseo-o-como-una-casualidad-hizo-historia-del-cine-espanol.html

JOHNSON, A. (2024, 3 de junio). «AI-generated vs. AI-assisted content: What's the difference?» *Clearscope*. https://www.clearscope.io/blog/ai-generated-vs-ai-assisted-content

LANDERS, M. (2018, 17 de diciembre). «How StoryFit uses artificial intelligence to predict the next blockbuster» *Forbes*. https://www.forbes.com/sites/monicalanders/2018/12/17/how-storyfit-uses-artificial-intelligence-to-predict-the-next-blockbuster/

SANJUAN RODRÍGUEZ, N. (2025, 7 de marzo). «Nueva aproximación al concepto de autoría de las creaciones generadas con y por inteligencia artificial: ¿cuánta intervención humana es necesaria?» *Diario La Ley*. https://diariolaley.laleynext.es/dll/2025/03/07/nueva-aproximacion-al-concepto-de-autoria-de-las-creaciones-generadas-con-y-por-inteligencia-artificial-cuanta-inter-vencion-humana-es-necesaria?utm_source=chatgpt. comdiariolaley.laleynext.es+1diariolaley.laleynext.es+1

Vega, D. (2024, 26 de marzo). «Libros con inteligencia artificial: ¿Una nueva forma de escribir o una amenaza contra la autoría?» *Agencia Palabra*. https://agencia-palabra.com/2024/03/26/libros-con-inteligencia-artificial-una-nueva-forma-de-escribir-o-una-amenaza-contra-la-autoria/

Sentencias

- Audiencia Provincial de Barcelona (Sección 15.ª). (2005, 21 de enero). *Sentencia núm. 16/2005*.

- Tribunal de Justicia de la Unión Europea. (2022, 24 de febrero). *Hochschule Darmstadt*, C-423/21, EU:C:2022:118 (auto de inadmisibilidad).

- Tribunal de Justicia de la Unión Europea. (2024, 2 de mayo). *CCTV Production ERT y otros contra Media Consulting Slovakia s.r.o.*, C-280/22.

- Tribunal de Justicia de la Unión Europea (Gran Sala). (2011, 1 de diciembre). *Eva-Maria Painer contra Standard VerlagsGmbH y otros*, C-145/10, EU:C:2011:798.

- Tribunal de Justicia de la Unión Europea (Sala Primera). (2019, 29 de julio). *Funke Medien NRW GmbH contra Bundesrepublik Deutschland*, C-469/17, EU:C:2019:623.

- Tribunal de Justicia de la Unión Europea (Sala Primera). (2019, 29 de julio). *Spiegel Online GmbH contra Volker Beck*, C-516/17, EU:C:2019:625.

- Tribunal de Justicia de la Unión Europea (Sala Segunda). (2018, 7 de agosto). *Land Nordrhein-Westfalen contra Dirk Renckhoff*, C-161/17, EU:C:2018:634.

- Tribunal de Justicia de la Unión Europea (Sala Tercera). (2018, 13 de noviembre). *Levola Hengelo BV contra Smilde Foods BV*, C-310/17, EU:C:2018:899.

CAPÍTULO 3

EL USO DE LA IA COMO MEDIDA DE PREVENCIÓN Y LUCHA CONTRA LA CORRUPCIÓN

Juan José Carrascón Concellón

Introducción

El fenómeno de la corrupción entendido como abuso de poder público para obtener una ventaja ilegítima en beneficio privado, ha sido una constante a lo largo de todas las sociedades y la nuestra no es una excepción.

En España la corrupción pública no se identifica con la corrupción administrativa, sino que la corrupción es esencialmente política, y se ha desarrollado esencialmente a nivel local de gobierno, vinculada en muchos casos a la esfera de la construcción y a un cierto descontrol del sistema financiero, así como en contratos del sector público.

A la vista de esta situación no es de extrañar que, en los últimos años, se haya pretendido colmar esta laguna de control con todo un paquete de medidas que se enmarcan desde la limitación y mayor transparencia de la financiación recibida a través de las donaciones privadas, hasta la reforma del control administrativo externo realizado por el Tribunal de Cuentas, pasando por la obligación de implantación de instrumentos que garanticen la protección de aquellos de sus trabajadores o afiliados que denuncien una trama de corrupción.

Un aspecto esencial viene de la mano de la mano del uso por parte de la Administración de la Inteligencia Artificial (IA). Esta ha surgido como una poderosa aliada en la detección y prevención de conductas ilícitas, proporcionando análisis de datos avanzados e inputs que pueden ser fundamentales para desentrañar tramas de fraude y corrupción.

La IA ha revolucionado la forma en que se abordan los problemas de fraude y corrupción. Esta posibilidad viene de la mano de la capacidad analítica y predictiva que ofrece. Mediante el uso de algoritmos sofisticados y técnicas de aprendizaje automático, la IA puede analizar grandes volúmenes de datos financieros, transacciones comerciales y comunicaciones electrónicas para identificar patrones sospechosos y comportamientos que puedan llevar a la conclusión de estar ante la presencia de fraude o corrupción.

La utilización de la IA supone una clara oportunidad, así como una ventaja, en la detección de fraude y corrupción mediante su capacidad para identificar riesgos y alertar sobre posibles irregularidades. La permite un constante monitoreo de datos y la detección de señales de alerta temprana. No sólo eso, sino que además permite a la Administración minimizar el impacto de conductas fraudulentas o corruptas en sus operaciones.

Sin embargo, no podemos omitir que su uso plantea una serie de desafíos legales y éticos que deben abordarse de manera cuidadosa y reflexiva. A título de ejemplo podemos mencionar que la recopilación y el análisis de datos personales pueden plantear preocupaciones sobre la privacidad y la protección de datos. Igualmente, el principio de transparencia de las Administraciones Pública puede quedar conculcado a la hora de la interpretación de los resultados de la IA y la toma de decisiones basadas en ellos.

I. Concepto de corrupción en España: introducción

En el curso de los últimos años, la corrupción se ha convertido en el problema principal en la preocupación de la ciudadanía, al margen de la crisis sanitaria originada por el virus *SARS-CoV-2/COVID-19*.

La corrupción es un fenómeno que no es actual, sino que es generalizado en la historia. Igualmente se trata de un concepto universal[1]. De la misma manera que otros conceptos, el fenómeno de la corrupción ha evolucionado desde las sociedades arcaicas hasta la complejidad de la problemática en la actual sociedad posindustrial[2] [3].

Será en los siglos XVII y XVIII donde se produce un giro lingüístico en el concepto de corrupción, desvinculándolo del problema de la moral de las virtudes. Moral y ley se apartan. El orden estable, pasa a encontrar amparo en el Estado y su coerción, ostentado de esta manera el derecho positivo el papel central de enunciación de los valores predominantes[4].

Acabar con las prácticas corruptas llevadas a cabo por funcionarios y organismos públicos supone actualmente un reto que está siendo afrontado incluso por las Naciones Unidas, toda vez que estas prácticas están suponiendo no solo un daño al correcto funcionamiento de las Administraciones

---

1. MALEM SEÑA, J.F., «Pobreza, corrupción, (in)seguridad jurídica: desigualdad». *Eunomía. Revista En Cultura de la Legalidad,* (14), págs. 353-363. Indica cuatro factores determinantes de la universalidad de la corrupción: «(1) ha atravesado todas las épocas; (2) se ha manifestado en todas las zonas del planeta; (3) ha afectado a todos los sistemas políticos; y (4) ha interesado a toda acción humana».

2. COCCIOLO, E., «Las mutaciones del concepto de "corrupción". De la ambigüedad de las sociedades arcaicas a la complejidad en la época del Estado regulador y de la sociedad del riesgo», *Revista de Llengua i Dret,* 17-51. Argumenta que «palabras como feqa, tatu, shohadh, doron o munus —que podían indicar al mismo tiempo regalo o soborno, en épocas y sociedades en las que las relaciones sociales asumían como normal el principio de reciprocidad— han ido mutando hacia términos inequívocos, tales como simonía o brybe».

3. BRITO DE ASSIS, A. M., *Ministerio Público y combate a la corrupción política. Cuestiones constitucionales y procesales sobre la configuración orgánica de la institución*, Tirant lo Blanch, pág. 34. Indica que «la costumbre de «engrasar las ruedas» ya se encontraba en la Antigüedad e incluso se consideraba lícita en algún caso. En las propias Sagradas Escrituras, precisamente en el Antiguo Testamento, «jueces y gobernantes dedican su favor a los súbditos más serviciales», siendo correcto y aceptado el intercambio recíproco de favores».

4. *Ibidem.*

Públicas, sino una serie de perjuicios económicos que lastran a las economías de los países a los que afectan. Esta situación a nivel internacional supone incluso un daño superior en aquellas economías emergentes o en desarrollo[5].

No es sencillo encontrar un concepto unívoco de corrupción. La corrupción podemos entenderla en sentido amplio como todo abuso de poder público para obtener una ventaja ilegítima en beneficio privado. Ni siquiera la Convención de las Naciones Unidas contra la Corrupción[6] incluye su definición. En su lugar, proporciona un listado de conductas.

En este sentido y estableciendo políticas contra dicha corrupción la Convención de las Naciones Unidas contra la Corrupción en sus artículos 15 al 23 tipifica como delitos relacionados con la corrupción, las siguientes conductas: Soborno de funcionarios públicos nacionales (artículo 15); Soborno de funcionarios públicos extranjeros y de funcionarios de organizaciones internacionales públicas (artículo 16); Malversación o peculado, apropiación indebida u otras formas de desviación de bienes por un funcionario público (artículo 17); Tráfico de influencias (artículo 18); Abuso de funciones (artículo 19); Enriquecimiento ilícito (artículo 20); Soborno en el sector privado (artículo 20); malversación o peculado de bienes en el sector privado (artículo 22); y Blanqueo del producto del delito (artículo 23).

---

5. *Cfr.* NACIONES UNIDAS (1999), *Cooperación contra la delincuencia trasnacional: nuevos desafíos en el siglo XXI*, Décimo Congreso de las Naciones Unidas sobre Prevención del delito y Tratamiento del Delincuente, A/CONF.1879.

6. En su Prefacio: «La corrupción es una plaga insidiosa que tiene un amplio espectro de consecuencias corrosivas para la sociedad. Socava la democracia y el estado de derecho, da pie a violaciones de los derechos humanos, distorsiona los mercados, menoscaba la calidad de vida y permite el florecimiento de la delincuencia organizada, el terrorismo y otras amenazas a la seguridad humana.
Este fenómeno maligno se da en todos los países —grandes y pequeños, ricos y pobres— pero sus efectos son especialmente devastadores en el mundo en desarrollo. La corrupción afecta infinitamente más a los pobres porque desvía los fondos destinados al desarrollo, socava la capacidad de los gobiernos de ofrecer servicios básicos, alimenta la desigualdad y la injusticia y desalienta la inversión y las ayudas extranjeras. La corrupción es un factor clave del bajo rendimiento y un obstáculo muy importante para el alivio de la pobreza y el desarrollo».

Comprende, eso sí, definiciones de algunas de las figuras que se incluyen en ese concepto. Como rasgo común a todos estos comportamientos encontramos la desviación de un poder de actuación en interés particular para la consecución de una ventaja indebida, patrimonial o de otro tipo, en su favor o en la de otro. Abarca tanto la corrupción pública como la privada, o entre particulares.

Debemos partir de la definición admitida de corrupción como abuso de poder público por parte de quién lo ha recibido y lo ejerce de manera desvirtuada para la obtención de un beneficio personal o de un tercero. Dentro del ámbito público institucional no podemos olvidar que «*El poder corrompe. El poder absoluto corrompe absolutamente*» (Lord Acton)[7] de tal forma que, siguiendo a los pensadores de la Grecia clásica, y en particular a Aristóteles, la corrupción es *stasis*, es decir lo contrario a equilibrio, límite o moderación. Tal es así que debemos tener en cuenta que, el enfoque correcto para poder establecer correctas medidas de lucha contra la corrupción es asimilar la corrupción, tal y como hemos ido desglosando anteriormente, con «el comportamiento de un servidor público el cual se desvía de sus obligaciones por razones que traen causa de un beneficio particular o personal»[8].

Tomando como referencia el modelo apuntado por HOLMES[9] podemos afirmar que la corrupción de los gobernantes debe reunir cuatro caracteres básicos:

---

7. Lord Acton remitió una carta al obispo Mandell Creighton, autor de una monumental Historia del Papado, que no era contundente al juzgar la conducta de algunos papas. A esto Acton replicó: «No puedo aceptar su doctrina de que no debemos juzgar al Papa o al Rey como al resto de los hombres con la presunción favorable de que no hicieron ningún mal. Si hay alguna presunción es contra los ostentadores del poder, incrementándose a medida que lo hace el poder. La responsabilidad histórica tiene que completarse con la búsqueda de la responsabilidad legal. Todo poder tiende a corromper y el poder absoluto corrompe absolutamente. Los grandes hombres son casi siempre hombres malos, incluso cuando ejercen influencia y no autoridad: más aún cuando sancionas la tendencia o la certeza de la corrupción con la autoridad».

8. ORTEGA GIMENEZ, A, «La lucha contra la corrupción política en la Unión Europea», dentro de LÓPEZ ÁLVAREZ, A., GARCIA NAVARRO, J.J. (coordinadores), *La corrupción política en España: una visión ética y jurídica*, Thomson Reuters, Pamplona, pág. 21.

9. HOLMES, J., «Corruption in Center and Eastern Europe», en. BULL M.J y. NEWELL J.L, «Introduction», en el libro colectivo por ellos editado,

a) La actividad ha de ser realizada por personas o grupos que ocupan un cargo público de naturaleza representativa;

b) el cargo público ocupado ha de implicar el ejercicio de autoridad pública y de un cierto margen de decisión libre;

c) entre las razones de la comisión del acto, u omisión, reputado como corrupto debe concurrir un interés personal del sujeto, directo o indirecto y, al menos, debe concurrir la conciencia de que tal interés concurre;

d) el cargo público ha de ser consciente de que sus acciones y omisiones son o pueden ser consideradas ilegales o impropias, entendiendo como impropias aquellas que se oponen frontal y directamente a los intereses y preferencias expresadas por los ciudadanos a través de los mecanismos electorales.

También debemos señalar que la corrupción en España respecto a sus funcionarios es baja. Esta afirmación se fundamenta en encuestas de victimización repetidas durante siete oleadas a través del Global Corruption Barometer de Transparency International[10]. En estas encuestas[11], hechas a ciudadanos directamente, se pregunta, entre otras cosas, si «usted o alguien de su familia ha tenido que pagar, de alguna forma, un soborno en los últimos doce meses» para poder acceder a muy diferentes servicios públicos, desde la educación a la concesión de licencias urbanísticas. Pues bien, los datos de España son muy parecidos a los de Alemania, Suiza, Noruega e, incluso, Finlandia[12].

Si bien la sombra está en la Administración local, donde sube algo más que en el resto, pero en general parece que el modelo meritocrático weberiano se impone. Es este sistema de méritos y profesionalización del funcionariado el que hay

Corruption in Contemporary Politics, Palgrave MacMillan, Londres, 2003, pág. 193.

10. https://www.transparency.org/en/gcb/global/global-corruption-barometer-2017

11. https://www.transparency.org/en/gcb/eu/european-union-2021

12. VILLORIA MEDINA, M. F., *La corrupción en España: rasgos y causas*, *Derecho, confianza y democracia*, coord. por BETEGÓN CARRILLO, J., DE PÁRAMO ARGÜELLES, J.R., CALVO SOLER, R. 2013, págs. 131-163.

que reforzar, eliminando la libre designación en los nombramientos e introduciendo evaluación del desempeño para los funcionarios, y protegerlo con un órgano independiente *ad hoc*[13].

¿Y de qué tipo de corrupción estamos hablando? En la mayoría de los casos se relaciona directamente corrupción local con desarrollo urbanístico, contratación pública y boom inmobiliario[14] [15].

II. El control de la corrupción: derecho administrativo-sancionador y derecho penal

Debido a la diferencia que existe entre los sectores administrativo-sancionador y penal, existe un riesgo notorio de que algunas conductas enmarcadas dentro del ámbito de la corrupción política pudieren quedar al margen del Código

---

13. *Ibidem.*

14. Jiménez Sánchez, F., Villoria Mendieta, M., *Crítica urbana: revista de estudios urbanos y territoriales*, Vol. 5, N.º 25, 2022.

15. Betancor, A., García-Bellido, J., «Síntesis general de los estudios comparados de las legislaciones urbanísticas en algunos países occidentales»; en *Ciudad y Territorio. Estudios Territoriales* (XXXIII, 127); 2001, págs. 87-144: «En España es el plan municipal el que delimita (crea, define, asigna o atribuye) el contenido económico-jurídico de la propiedad, pero no lo limita (reduce corta o coarta), según la función social que el plan le quiera atribuir o asignar en concreto. Por ende, no hay ningún *ius aedificandi* ni *urbificandi* o contenido urbanístico mínimo inherente a la propiedad fundiaria en general, ya que el suelo rústico, que según el plan no sea edificable en absoluto ni urbanizable (bosques o parajes protegidos, parques regionales o naturales), no tiene derecho a reclamar indemnización alguna, porque ésta es la condición originaria de la propiedad: no poder ser edificada hasta que el plan se lo autorice expresamente. Pero en cuanto sea "clasificado" como urbanizable entra en otro estatuto completamente distinto, patrimonializando gracias al plan unos *iurii urbificandi* y *aedificandi* (grandes o pequeños, pero siempre fijados por éste). A cambio de conferirle un valor medio añadido, fijo y garantizado por la ley y el plan, la propiedad deberá ceder obligatoria y gratuitamente el suelo que le señale el plan para destinarlo a toda suerte de usos de dominio público. El plan municipal de urbanismo de esta forma deviene un poderosísimo instrumento de reparto del poder económico del espacio».

Penal. Esta situación obedece a una larga historia y debate entre diferentes corrientes doctrinales, que a la postre han supuesto que nos encontremos en un terreno pantanoso que aboca a un cambio sustancial en la manera de entender estas dos ramas del derecho tan cercanas en principios y procedimiento.

El problema radica en la necesaria reflexión constitucional acerca la distinción entre derecho penal y administrativo sancionador. Tradicionalmente se han venido clasificando las diferencias entre el derecho administrativo sancionador y el derecho penal en «cualitativas y cuantitativas». Las diferencias cuantitativas se refieren a la gravedad del comportamiento antijurídico o a la de su sanción. Por otro lado, cualitativas tratan el tipo de interés o bien jurídico tutelado y algunos otros elementos estructurales de la acción infractora y su proyección en la sociedad. Si bien únicamente importa la punibilidad de los actos, la cual se determina en razón de la «gravedad relativa» de las acciones punibles. Por consiguiente, «predomina la diferenciación cuantitativa entre infracciones penales y contravenciones administrativas».

La jurisprudencia del Tribunal Constitucional ha venido a confirmar por ejemplo que las garantías establecidas en el art. 24 CE son de aplicación, aunque con matices también en el ámbito del derecho administrativo sancionador[16]. Entre el Derecho administrativo y el Derecho penal existen notorias diferencias pese a compartir principios que inspiran ambas ramas[17].

En el mismo sentido parece haberse pronunciado el TEDH[18], quien, en diversas ocasiones, ha afirmado la validez del Derecho administrativo sancionador como un sistema punitivo válido siempre que en él se apliquen las garantías previstas en el art. 6 del Convenio Europeo de Derechos Humanos.

---

16. SSTC 8 de junio de 1981, 1 de abril de 1982, 12 de mayo de 1982, 454/2003, 154/2004, 157/2007.

17. En relación con los principios generales de la potestad sancionadora, NIETO, A., Derecho administrativo sancionador, Tecnos, Madrid, 2012.

18. Stedh Öztürk c. Alemania, de 21 de febrero de 1984.

Por otro lado, la Sentencia del TC 18/1981, de 8 de junio, señaló que «los principios inspiradores del orden penal son de aplicación, con ciertos matices, al Derecho administrativo sancionador, dado que ambos son manifestaciones del ordenamiento punitivo del Estado». A partir de esta sentencia, se han extrapolado desde el Derecho penal, toda una serie de principios generales aplicables a la potestad sancionadora administrativa[19]. No podemos olvidar que, tanto el Derecho administrativo como el Derecho penal, se rigen por los principios de legalidad, proporcionalidad y culpabilidad; así como a los correspondientes subprincipios que de ellos se derivan. Tanto las infracciones administrativas como penales responden a los mismos fines de prevención y garantía. Igualmente tienen unas funciones que son las mismas como lo son la protección de los bienes jurídicos y la función de motivación.

La CE sólo establece un claro límite entre el Derecho penal y el Derecho administrativo sancionador: la prohibición de que la Administración imponga sanciones que supongan directa o indirectamente privación de libertad (art. 25.3 CE). Por otro lado, el TC tampoco ha limitado el uso del Derecho administrativo sancionador[20]. De hecho, tal y como recoge la STC 160/2012, de 20 de septiembre, en su fundamento segundo, el legislador es por tanto libre de establecer qué conductas deben ser castigadas como delitos y cuál es la pena que debe imponerse[21]. La CE veta a la Administración, y reserva por tanto al poder judicial, la posibilidad de imponer penas privativas de libertad. El artículo 25.2 de la Constitución atribuye a las penas la finalidad de «reeducación y reinserción

---

19. Prieto Sanchís, L., «La jurisprudencia constitucional y el problema de las sanciones administrativas en el Estado de Derecho», *Revista Española de Derecho Constitucional*, n.º 4 (1982), p. 101.

20. Huergo Lora, A., *Las sanciones administrativas*, Iustel, págs. 28-29.

21. «...el control de la Ley penal que este Tribunal tiene asignado debe venir presidido, en todo caso, por el reconocimiento de la competencia exclusiva del legislador para el diseño de la política criminal, correspondiéndole un amplio margen de libertad dentro de los límites de la Constitución, para la configuración tanto de los bienes penalmente protegidos y los comportamientos penalmente represibles, como del tipo y la cuantía de las sanciones penales, o la proporción entre las conductas que pretende evitar y las penas con la que intenta conseguirlo».

social», y por el contrario las sanciones administrativas buscan una finalidad represiva más pragmática de restablecer el orden jurídico infringido. Por otro lado, y siguiendo este principio recogido en nuestra Carta Magna, el artículo 29.1 de la Ley 40/2015, de 1 de octubre, de Régimen Jurídico del Sector Público establece que las sanciones administrativas, sean o no de naturaleza pecuniaria, en ningún caso podrán implicar, directa o subsidiariamente, privación de libertad.

Además de la imposibilidad de imponer sanciones que priven de libertad el TC establece que de la CE emana un deber positivo del Estado[22] indicando que frente a determinados derechos fundamentales es necesario que, como última garantía, el derecho penal prevalezca como instrumento para su protección[23].

Por tanto, es necesario analizar caso a caso las condiciones en que la potestad sancionadora de la administración puede desarrollarse, y no centrar el análisis jurídico en aspectos como si debe actuarse o no frente a la criminalidad de bagatela[24].

Un sector de la doctrina considera que se podían haber esgrimido soluciones como «la no imposición de penas privativas de libertad en según qué delitos»[25]. Aquí radica el principal escollo conceptual y a la postre jurídico, toda vez que la solución esgrimida hubiese conducido a eliminar a la confusión entre ambas ramas del derecho. No debemos caer en el error de pensar que de actuar en consecuencia con lo expuesto se originaría una «hipertrofia del derecho penal»[26], sino que el debate debe centrarse en si se produciría una restricción a derechos fundamentales, toda vez que muchos delitos llevan pareja la pena de privación de libertad. Habrá

---

22. STC 53/1985, de 11 de abril.
23. SSTC 116/1999, de 17 de junio.
24. Delito de escasa importancia con relación a la peligrosidad de sus autores; https://dej.rae.es/lema/delito-de-bagatela
25. Rando Casermeiro, P., *La distinción entre el derecho penal y el derecho administrativo sancionador*, 2010, Tirant lo Blanch, pág. 62.
26. Rando Casermeiro, P., *La distinción entre el derecho penal* ..., ob. cit., pág. 75.

que dilucidar si las garantías sustantivas y procesales (principio de legalidad, de irretroactividad, de culpabilidad, de contradicción, etc.) deben ser iguales que las propias del sistema penal. En este campo, la IA se muestra como una herramienta que podría efectuar sesgos matemáticos en aras de determinar patrones que permitan analizar cada caso y enmarcarlo de forma correcta.

Debe tenerse en cuenta que en muchos casos existen conductas que a fecha de hoy son próximas al delito sin estar tipificadas[27] como tal[28], lo cual puede suponer que el infractor a sabiendas de que solo incurre en una mera sanción administrativa vuelva a cometer dicha conducta. La STC 219/1989, de 21 de diciembre destaca «la imperiosa necesidad de predeterminación normativa de las conductas ilícitas y de las sanciones correspondientes, mediante preceptos jurídicos que permitan predecir con suficiente grado de certeza las conductas que constituyan una infracción y las penas o sanciones aplicables»[29].

Para que la Administración pueda desarrollar políticas estatales de la índole que sea, cuenta con el derecho administrativo. A su vez para cumplir con estas funciones se le va a

27. El principio de legalidad penal, en su vertiente material, proyecta, en primer lugar, sus efectos sobre el legislador, pues, al reflejar la especial trascendencia del principio de seguridad jurídica (art. 9.3 CE (RCL 1978, 2836)), «comporta el mandato de taxatividad o de certeza que se produce en la exigencia de predeterminación normativa de las conductas y sus correspondientes sanciones *(lex certa)* en virtud del cual el legislador debe promulgar normas concretas, precisas, claras e inteligibles, para que los ciudadanos deban conocer de antemano el ámbito de lo proscrito y prever, así, las consecuencias de sus acciones» (SSTC 185/2014, de 6 de noviembre (RTC 2014, 185), FJ 8, y 146/2015 (RTC 2015, 146), FJ 2).

28. La tipicidad es otro de los elementos básicos de la noción de infracción administrativa, consagrado en el citado artículo 25.1 CE y recogido en el artículo 27 LRJSP, de modo que no basta con que una conducta infrinja las leyes administrativas para que pueda ser considerada como infracción y sancionarse; es preciso, además, que esa conducta esté tipificada mediante la ordenación y enumeración de los elementos que diferencian y acotan el supuesto previsto en la norma respecto de cualquier otro.

29. La misma doctrina del TC se contiene en las SSTC 42/1987, de 7 de abril (RTC 1987, 42), 101/1988, de 8 de junio (RTC 1988, 101), 29/1989, de 6 febrero (RTC 1989, 29) y 69/1989, de 20 de abril (RTC 1989, 69).

dotar de un instrumento sancionador, es decir una herramienta para la consecución de los intereses generales mediante la determinación de una serie de infracciones y sus correspondientes sanciones, no siendo en ningún caso delitos y sus penas[30]. Por tanto, el Derecho penal se debe limitar a emitir juicios de reproche hacia una determinada conducta, en tanto en «la dirección de ataque de la misma supone la necesidad de protección de un interés digno de tutela penal»[31].

A la luz de lo expuesto, comprobamos que el único fundamento capaz de proporcionar una justificación al hecho de que los principios estructurales elaborados por la dogmática penal y procesal penal sean de aplicación a la potestad sancionadora de la Administración y al procedimiento que la lleva a término no es otro que el de la unidad ontológica entre delito e infracción administrativa, por una parte, y entre pena y sanción administrativa, por otra[32].

En este sentido el Derecho administrativo sancionador afecta con menor gravedad a los intereses protegidos por la Ley y sus autores sólo suelen quedar sujetos a multas de naturaleza pecuniaria, lo cual es una de las notas diferenciadoras respecto del Derecho Penal donde si cabe restringir la libertad de un individuo.

Si bien debemos tener en cuenta que puede coincidir la intervención de ambas en un mismo sector, como es el caso que nos va a ocupar, el bien jurídico a proteger debe ser coincidente. Cuestión distinta y que no debe llevar a confusión es que las infracciones administrativas y las infracciones penales tutelen exactamente lo mismo[33]. Obviamente operan en

---

30. NAVARRO CARDOSO, F. *El cohecho en consideración al cargo o función*, Tirant Lo Blanch, Valencia 2018, página 21.

31. *Ibidem.*

32. GARBERÍ LLOBREGAT J., BUITRÓN RAMÍREZ, G., *El Procedimiento Administrativo Sancionador*, Tirant Lo Blanch - Tratados, Comentarios y Practicas Procesales 6.ª Edición 2016, página 25.

33. NAVARRO CARDOSO, F., *El cohecho en consideración* ..., ob. cit., pág. 21. El auto manifiesta que dicha unidad, es «el resultado fracaso de la dogmática penal a la hora de determinar criterios jurídicos sólidos que permitan el deslinde entre unas y otras categorías penales y administrativas».

esta cuestión dos prohibiciones: el *bis in ídem* y la imposibilidad de la privación de libertad en el derecho administrativo sancionador.

La Ley 39/2015, de 1 de octubre, del Procedimiento Administrativo Común de las Administraciones Públicas (en adelante LRJSP) en su artículo 31 regula el principio de *«ne bis in idem»*. Dicho principio si bien no está recogido expresamente en la Constitución Española, ha sido reconocido por el Tribunal Constitucional como «íntimamente unido a los principios de legalidad y tipicidad de las infracciones» y como «implícitamente recogido en el artículo 25 de la Constitución»[34].

El propio TC lo define en la Sentencia 2/1981, de 30 de enero como «el principio general del Derecho que supone que no recaiga duplicidad de sanciones, administrativa y penal en los casos en que se aprecie la identidad del sujeto, hecho y fundamento sin existencia de una relación de supremacía especial que justificase el ejercicio del *ius puniendi* por los Tribunales y, a su vez, la potestad sancionadora de la Administración».

En definitiva, la solución viene dada mediante el análisis caso a caso a la vista de la concreta calificación que en cada caso haya determinado la imposición de la sanción penal, y a partir de las siguientes premisas:

a) El bien jurídico protegido en cada infracción penal no viene determinado por la condición del sujeto activo, sino por aquel valor social o individual cuya lesión o puesta en peligro encarna la acción típica de la infracción.

b) La rúbrica de los títulos con los que aparece sistematizada la parte especial del CP es un importante elemento de interpretación para determinar cuál es el bien jurídico protegido en cada supuesto delictivo.

c) La singular condición de funcionario del sujeto activo, cuando es considerada para la definitiva calificación penal de unos hechos, lo puede ser de dos maneras o con dos finalidades distintas.

---

34. STC 2/1981, de 30 de enero (RTC 1981, 2)

d) A efectos penales no son identificables ni confundibles los conceptos de Estado y Administración pública, aunque esta forme parte de aquel. El Estado es la global estructura con la que se organiza una colectividad para resolver su convivencia (aspecto orgánico), y también el conjunto de valores y derechos fundamentales que se proclaman como esenciales para esa convivencia (aspecto moral). Y la Administración pública es solo una parte de la organización estatal, y sus cometidos representan por ello solamente una parcela de la actividad estatal.

Dentro de este contexto debemos señalar que existe consenso en que una de las estrategias claves para reducir la corrupción y el fraude es mejorar los mecanismos para su detección. De esta forma incluso dentro de la corrupción política, la autoridad que busque enriquecerse de la política podrá ser disuadido a sabiendas de que, de implicarse en irregularidades, existe una alta probabilidad de ser descubiertos y penalizados por la IA.

El problema de esta estrategia radica en la falta de datos fiables de corrupción máxime si entramos dentro de la problemática suscitada entre el Derecho administrativo y el Derecho penal. Además, por su propia naturaleza clandestina, la corrupción es muy difícil de identificar. Transparencia Internacional o el Banco Mundial producen datos comparados de corrupción, pero se basan en percepciones que pueden estar sesgadas por diferencias culturales entre países y culturas.

En este sentido existe una luz en el camino, y es la disponibilidad creciente de datos masivos sobre todo en el campo de la contratación pública. Tal es así que se puede utilizar información muy desagregada sobre cada contrato público y sobre los agentes que participan pudiendo concluir, o no, si estamos ante una adjudicación a dedo.

GARCIA DE ENTERRIA[35] señala como patología de la democracia, los fenómenos de «la partitocracia, de ocupación partidaria de las instituciones, del clientelismo, y, en gene-

---

35. GARCIA DE ENTERRIA, E., *Democracia, jueces y control de la administración*, Civitas, 5.ª edición, 2000, pág. 82.

ral, de la corrupción política y administrativa». En tal sentido el Informe Nolan[36] supuso una guía, una serie de patrones a seguir en la vida pública. Uno de los fines primordiales del Informe fue reconstruir la confianza pública en los titulares de los servicios públicos. García de Enterría no pretende enjuiciar los sistemas funcionariales, sino subrayar la necesidad de objetividad, moralidad y neutralidad política de los aparatos ejecutivos del Estado. No podemos obviar que en casi todos los países europeos donde se consolidaron fuertes burocracias, podemos decir que la aplicación objetiva de la ley descansó prioritariamente sobre un funcionariado que ejerció sus funciones con criterios de notable profesionalidad. El uso de la IA podría ser una herramienta que potencie esa objetividad, profesionalidad y neutralidad política. Veamos si esto así.

III. Corrupción política, un concepto polisémico

Tal y como hemos mencionado el concepto de «corrupción» ha supuesto que existan intensos debates académicos. Existe, por el contrario, cierta unanimidad en su consideración como un fenómeno consustancial al ser humano y que además existe una correlación negativa entre el nivel de corrupción y el nivel de desarrollo[37].

El fenómeno de la corrupción podría ser definido de una manera simplista como la vulneración del orden jurídico establecido y su utilización en beneficio propio. La corrupción puede ser entendida como un ataque pluriofensivo a valores y bienes jurídicos esenciales constituidos tanto por el prestigio de la Administración ante sus ciudadanos, cuanto por su deber de servicio «con objetividad a los intereses genera-

---

36. La Comisión Nolan, que toma el nombre de su Presidente Lord Nolan, juez de profesión, fue creada en octubre de 1994, a instancias del Primer Ministro John Major, a fin de investigar la creciente inquietud que se estaba produciendo en la sociedad respecto de determinados comportamientos en la Administración.

37. Forcadell i Esteller, X., «La corrupción en los gobiernos y administraciones locales en la España Contemporánea», dentro de *La corrupción política en la España contemporánea*, Marcial Pons Historia, pág. 332.

les» según exigencia del art. 103.1 de la CE. De tal forma que existe un deber de neutralidad, probidad e imparcialidad de todos aquellos que participan en las funciones públicas y en el deber de prestación eficaz del servicio público[38].

Siguiendo a KAUFMANN[39] definiríamos corrupción como «el abuso de un cargo público para obtener beneficios personales», de tal forma que se producen relaciones deshonestas entre el sector público y privado lo cual en palabras del autor perjudica gravemente el desarrollo económico de un país. Es por ello por lo que hay que velar por la integridad, la calidad del gobierno y la transparencia en todos los niveles de la administración y del gobierno.

La definición dada por KJELLBERG[40] es muy esclarecedora determinando las implicaciones en el ámbito jurídico, económico, social, político y ético. Tal es así que, siguiendo dicha definición, existe una delimitación de corrupción que se circunscribe en cuatro grandes actividades. Por un lado, las que suponen la inobservancia de disposiciones legales en busca de un beneficio directo que favorezca al político, las que suponen una infracción de normas legales que generan beneficios indirectos para el que actúa de forma corrupta, las que suponen una infracción de normas éticas socialmente aceptadas generando un beneficio directo y las que de igual forma suponen un beneficio indirecto para el corrupto[41].

---

38. NEVADO-BATALLA MORENO, P. T., «El sistema de obligaciones del personal y autoridades al servicio de la Administración en el ordenamiento jurídico español: especial referencia al principio de lealtad a la Constitución», *IUSTITIA* núm. 9, 2011, págs. 139-168.

39. KAUFMANN, D., «Corrupción y reforma institucional: el poder de la evidencia empírica», *Revista Perspectivas* vol. 3, núm. 3, pág. 368-369.

40. «La corrupción (pública) como una quiebra de las normas legales (concepción jurídica) o de las normas éticas no escritas (concepción ética), pero con apoyo social generalizado (concepción sociológica), relativas a cómo se debe ejercer el servicio público para proporcionar servicios o beneficios a ciertos grupos o ciudadanos de forma oculta (concepción política), con voluntad de ganancia directa o indirecta en mente (concepción económica)».

41. VILLORIA MENDIETA, M., *Control de la corrupción y reforma legal y judicial*, ponencia preparada para la conferencia sobre la reforma legal y judicial y control de la corrupción en América Latina, del 23 de mayo al 3 de julio de 2002., págs. 539-540.

Con el ánimo de obtener una definición amplia y generalizada en primer lugar percibimos siguiendo a los dos anteriores autores que la condición de universalidad de este concepto radica en la inclusión de todo abuso de poder por un cargo público para la obtención de un beneficio privado, perjudicando el interés general, siendo independiente que dicho acto sea constitutivo de delito o manifiestamente ilegal[42]. Esta definición amplia incluye en primer lugar la corrupción que se desarrolla en la fase formación de Gobiernos y Parlamentos y de aprobación de política económica. En esta fase la regla de funcionamiento es la de «igualdad política»[43] por tanto la corrupción se manifiesta ante la inexistencia de democracia, democracia imperfecta (fraude electoral) y democracias avanzadas (captura del Estado, lobbying). En segundo lugar, hablamos de la corrupción en fase de aplicación de leyes, reglamentos por políticos, funcionarios y empleados públicos. Es esta fase en la que se centra el presente trabajo. Se trata de una fase en la que debe primar la «imparcialidad»[44] de los cargos públicos en la aplicación de las leyes y reglamentos. Por tanto, la corrupción surge en el momento en que son aplicadas las normas con arbitrariedad y favoritismo como máxima expresión del clientelismo[45].

Las conductas corruptas se pueden originar en diversos ámbitos de la vida pública como pudiere ser en áreas como el urbanismo, contratos del sector público, gestión económico-financiera o como nos ocupa, la esfera política. Sin embargo, la percepción por parte de los ciudadanos de la corrupción varía considerablemente[46]. Tal es así que incluso

---

42. Villoria, M., *Principales rasgos y características de la corrupción en España*, en Villoria M., Gimeno J.M. y Tejedor J.C., (dirs.), *La Corrupción en España: ámbitos, causas y remedios jurídicos*, 2016, Barcelona, atelier, páginas 47-66.

43. Comin, F., «Presupuesto y corrupción en la España contemporánea (1808-2017): lecciones de la historia», dentro de *La corrupción política en la España contemporánea*, Marcial Pons Historia, pág. 82.

44. Comin, F., «Presupuesto y corrupción en ...», ob. cit., pág. 83.

45. Villoria, M., «Integridad», *Eunomía. Revista en Cultura de la Legalidad* núm. 1, págs. 107-113.

46. Forcadell i Esteller, X., «La corrupción en los gobiernos y administraciones...», ob. cit., pág. 335.

los niveles de tolerancia o consideración de determinadas conductas como reprochables por los ciudadanos abraca mucho más de su definición teórica[47].

Siguiendo el hilo de lo anteriormente expuesto cabe señalar distintos grados en función de la conducta y su gravedad. En primer lugar, corrupción «grave o a gran escala», a continuación, hablaríamos de corrupción «menor» y finalmente «política»[48]. En relación con la corrupción «grave o a gran escala» en nuestro ordenamiento jurídico quedarían englobadas aquellas conductas penalmente reprochables desde un punto de vista jurídico, y por tanto tipificadas en el CP. Más allá de estas conductas encontramos una serie de actuaciones que dan lugar a infracciones y sanciones administrativas, quedando también englobas aquellas conductas que sin ser contrarias a la legalidad serían éticamente reprochables. Estas conductas serían constitutivas de corrupción «menor» y «política» respectivamente.

Sumado a lo anteriormente expuesto, y que dificulta la conceptualización de le corrupción, no debemos olvidar que se trata de un fenómeno generalizado en la historia, en la conformación política de las sociedades y en el espacio geográfico[49]. El concepto de corrupción no es de fácil concreción. Se ha intentado encontrar una fórmula definidora concisa y satisfactoria, sin embargo, esta pretensión omnicomprensiva[50] de la misma ha encontrado muchos obstáculos. Debemos tener en cuenta que, siendo que se trata de un fenómeno antiguo en la historia, el cual se ha diversificado geográficamente[51] y además es polisémico, supone una

---

47. *Ibidem*.

48. FORCADELL I ESTELLER, X., «La corrupción en los gobiernos y administraciones…, ob. cit., pág. 334

49. MALEM SEÑA, J.F., *Pobreza, corrupción*, ob. cit., pág. 41. El autor indica cuatro factores determinantes de la universalidad de la corrupción: (1) ha atravesado todas las épocas; (2) se ha manifestado en todas las zonas del planeta; (3) ha afectado a todos los sistemas políticos; y (4) ha interesado a toda acción humana.

50. JIMÉNEZ DE PARGA, M, «La corrupción en la democracia», en LAPORTA, F. J., ÁLVAREZ, S., *La corrupción política*, Madrid, 1997 Alianza, pág. 135.

51. MALEM SEÑA, J.F., «El fenómeno de la corrupción», en LAPORTA, F. J., ÁLVAREZ, S., *La corrupción política*, Madrid, 1997, Alianza, pág. 71 y ss.

enorme dificultad a la hora de definirlo. Sumado a lo anterior, la propia naturaleza compleja de los eventos que rodean la corrupción, junto con conductas encubridoras que la enmascaran la convierten en una incógnita a ojos de la ciudadanía y del aparato estatal. A pesar de lo expuesto, la corrupción como concepto, es planteada desde el punto de vista normativo positivista. Por tanto, es innegable que estamos frente a una necesidad del Derecho, en particular del Derecho penal, habida cuenta de los principios que lo rigen[52].

Un sector de la doctrina señala que existen cuatro elementos consustanciales al concepto de corrupción[53]: «(i) la intención de los corruptos de obtener un beneficio irregular, con independencia de su naturaleza y del tiempo de su entrega; (ii) que se produzca la violación de un deber institucional por parte del corrupto para obtener alguna ventaja a resultas del acto de corrupción; (iii) la existencia de una relación causal entre la exigida quiebra del deber y la expectativa de obtener el beneficio irregular; y (iv) la deslealtad consecuente al acto de corrupción hacia la regla violada y la institución a la que pertenece o a la cual presta servicios el sujeto corrupto».

Partiendo de otro prisma, hay planteamientos que intentan explicar la corrupción desde tres grandes categorías de factores[54]: económicos, legales e institucionales y sociológicos. En primer lugar y respecto de factores económicos, prima aspectos que entiendo que no deben ser tenidos en cuenta de manera absoluta, como los llamados salarios de eficiencia, toda vez que se trata de una consideración simplista el considerar que la corrupción tiene lugar cuando los funcionarios públicos tienen un bajo sueldo. Esta hipótesis cuanto menos debe ser matizada desde el ángulo de la propia carrera profesional de los funcionarios que como agentes públicos se promocionan dentro de un entorno laboral de estabilidad.

---

52. Brito de Assis, A. M., *Ministerio Público y combate a la corrupción política. Cuestiones constitucionales y procesales sobre la configuración orgánica de la institución*, Tirant Lo Blanch, pág. 43.

53. Malem Seña, J. F., *Pobreza, corrupción, ...*, ob. cit., págs. 42-43.

54. Brito de Assis, A. M., *Ministerio Público y combate a...*, ob. cit., pág. 49.

El segundo grupo se centra en la cuestión de cómo se estructura el Estado atendiendo a la descentralización. Cuanto mayor es el nivel de descentralización, menor será la magnitud de la corrupción, puesto que este tipo de administraciones suponen que los agentes públicos tienen menores expectativas económicas y existe una mayor cercanía de la ciudadanía a las mismas. Sumado a lo anterior la transparencia favorece una mejor gobernanza reduciendo la incidencia de la corrupción. Si bien, debemos tener en cuenta que este argumento puede ser rebatido en el sentido de tener en cuenta que el control local del poder, por élites estructuradas, y la baja participación ciudadana en los negocios públicos, pueden ser también aspectos negativos que inciden en los altos niveles de corrupción[55]. Desde el ángulo de la perspectiva de género existen indicaciones de que los parlamentos donde hay más mujeres están menos afectados por niveles de corrupción. Incluso la religión es un factor relevante cuando en países que existen religiones más jerarquizadas se comprueba que existe un ambiente más propenso a la práctica de la corrupción[56].

De ahí precisamente las dificultades a la hora de conseguir una definición de corrupción que sea generalmente aceptada[57]. La realidad es que es imposible determinar con absoluta certeza qué es la corrupción. Si bien sí que es una cuestión innegable que la corrupción ha existido siempre[58].

---

55. *Ibidem.*

56. Salinas Jiménez, J. y Salinas Jiménez, M. del M., «Causas y efectos económicos de la corrupción», en Rodríguez García, N. y Rodríguez López, F. (coords.), *Corrupción y desarrollo. Valencia,* 2017, Tirant lo Blanch, págs. 23-43.

57. Díez Ripollés, J. L., *et al., Prácticas Ilícitas en la Actividad Urbanística. Un Estudio de la Costa del Sol,* Valencia, 2004, Tirant lo Blanch, pág. 30. También Vercher Noguera, A., «La Corrupción Urbanística. Una Nueva Expresión Delictiva», en *Claves de la Razón Práctica,* núm. 139, enero-febrero 2004, págs. 26 y 27.

58. Carrera Hernández, J., *La Persecución Penal de la Corrupción en la Unión Europea. Mesa Redonda sobre Cooperación Jurídica Internacional en Materia Penal: una Visión desde la Práctica. Colección Escuela Diplomática,* Cooperación Jurídica Internacional núm. 5, pág. 207. El autor citando el Informe BONTEMPI sobre la Comunicación de la Comisión al Consejo y al Parlamento Europeo sobre la Política de la Unión en Materia de Lucha contra la Corrupción (Comisión de Liber-

Si bien, dicho concepto arrastra cualquier pretensión de obtener conceptos universales en Derecho[59].

Por lo que se refiere a la corrupción a «gran escala» en nuestro Código Penal solo se mencionaba el término «corrupción» en el artículo 286 bis que había sido introducido por la LO 5/2010 de 22 de junio, para referirse a la corrupción entre particulares, y en el artículo 445 relativo a los delitos de corrupción en las transacciones comerciales internacionales. Actualmente se incluyen delitos como el cohecho, el tráfico de influencias, la malversación, los fraudes y exacciones ilegales, la prevaricación administrativa, las negociaciones y actividades prohibidas a funcionarios públicos y los delitos de corrupción en los negocios.

Llegados a este extremo y con la vista puesta en las dificultades que encontramos para poder determinar inequívocamente un concepto de corrupción único, no podemos olvidar que «el poder punitivo, reservado al Estado, solo puede ejercerse de acuerdo con lo previsto por determinadas normas legales, a aprobar por los representantes del pueblo en los países democráticos»[60]. Es por ello por lo que es necesario que el ordenamiento jurídico califique aquel comportamiento que desea que el destinatario conozca con anterioridad[61]. Esta concreción del principio de legalidad como límite al ejercicio del ius puniendi del Estado «suele rotularse como principio de taxatividad»[62]. En este sentido una parte importante de los autores que se han ocupado del tema considera que el Código penal identifica hay que entender por corrup-

---

tades Públicas y Asuntos Interiores, A4-0285/98), señala que en un archivo del siglo XIII a. C. figuraban nombres de altos funcionarios y el propio de una princesa asiria que habían aceptado sobornos.

59. Puig Peña, F., *Derecho Penal. Tomo I*. Madrid: Editorial Revista de Derecho Privado, 1969, págs. 185. Podría equipararse a la búsqueda de un concepto de delito universal, en el que tanto esfuerzo y trabajo invirtieron los positivistas de finales del siglo XIX y principios del XX.

60. Mir Puig, S., *Tratado de Derecho penal, parte general*, Reppertor, Barcelona, 2004.

61. Marini, G., *Lineamenti del sistema penale, Giappichelli*, Turín, 1993.

62. Maria Cerina, G.D., *La Insoportable levedad del concepto de corrupción. Una propuesta desde el Derecho Penal*, Tirant lo Blanch, 2021, pág. 36.

ción[63]. Sin embargo, otros autores[64] objetan que la formula planteada por el código Penal es muy limitada, en síntesis, el Código penal «sancionaría como corruptos tan solo una parte de los comportamientos que socialmente son percibidos como tales»[65].

Como se viene aduciendo, la corrupción supone un quebrantamiento de normas no solo jurídicas, sino también éticas o morales[66], sociales[67], o incluso de la «buena gestión económica»[68]. A pesar de que se niega la equivalencia entre los binomios «penalmente lícito/penalmente ilícito» y «moralmente (o éticamente) justo/moralmente injusto» no es menos cierto que debe reconocerse que una contradicción entre ambos contextos normativos es impensable en un Estado democrático[69], de tal forma que siguiendo a HABERMAS «la legitimidad de la legalidad se debe a un entrelazamiento de procedimientos jurídicos con una argumentación moral que a su vez obedece a su propia racionalidad procedimental» subrayando como «los principios morales del derecho natural racional se han convertido en los Estados constitucionales modernos en derecho positivo»[70].

---

63. Así, entre otros, ABANTO VÁSQUEZ M., «La lucha contra la corrupción en un mundo globalizado», en MUÑOZ CONDE F. Y LOSANO M. G. (coords.), *El derecho ante la globalización y el terrorismo «cedant arma togae»*, Tirant lo Blanch. Valencia, 2004, págs. 273 y ss.

64. DELLA PORTA, D.- MÉNY, Y., «Democrazia e corruzione», en DELLA PORTA, D. MÉNY, Y. (a cura di), *Corruzione e democrazia. Sette paesi a confronto*, Liguori, Nápoles, 1995.

65. MARIA CERINA, G.D., *La Insoportable levedad del concepto de corrupción...*, ob. cit., pág. 36.

66. AUGER, C., «La justicia ante el fenómeno de la corrupción», en *Claves de razón práctica*, 1995, pág. 40-46.

67. NIETO, A., *Corrupción en la España democrática*, Ariel, Barcelona, 1997.

68. BRUFAO CURIEL P., «El concepto de corrupción: causas, mecanismos y consecuencias», en MARTÍNEZ FERNÁNDEZ J. Y BRUFAO CURIEL P. (coords.), *Aguas limpias, manos limpias. Corrupción e irregularidades en la gestión del agua en España*, Bakeaz, Bilbao, 2006, págs. 27 a 50.

69. MARIA CERINA, G. D., *La Insoportable levedad del concepto de corrupción...*, ob. cit., pág. 36, la cual menciona a DONNINI, M., *Il diritto penale come etica pubblica: Considerazioni sul politico quale «tipo d'autore»*, Mucchi Editore, Módena, 2015.

70. HABERMAS, J., *Facticidad y validez. Sobre el derecho y el Estado democrático de derecho en términos de teoría del discurso*, Trotta, Madrid, 2005.

Finalmente, desde el prisma del Derecho penal debemos tener en cuenta que el concepto de corrupción adoptado por el CP no se corresponde con la percepción que de este fenómeno mantiene la sociedad[71]. Ya hemos mencionado anteriormente que el legislador considera como penalmente relevantes una serie de conductas que difieren en cantidad con las que la sociedad entiende como «corrupción». Incluso se produce la situación inversa en la que el Derecho penal sanciona como corrupción supuestos que socialmente no se perciben como «corrupción», tal y como desarrollaremos en su debido apartado.

Sin embargo, el Derecho penal actual padece de cierta hipertrofia que se manifiesta también en materia de corrupción. Gran parte de los autores ha denunciado la excesiva sensibilidad del legislador que em muchos caos intenta satisfacer al electorado que busca una «justicia» o «seguridad». Esta incesante búsqueda de dar cabida a los deseos de una parte del electorado excede en la utilización del Derecho penal, y convierte a esta rama del Derecho en una herramienta que pasa de ser la última ratio a la extrema ratio del ordenamiento jurídico[72].

De lo que antecede y a modo de reflexión final, sí que debería plantearse la posibilidad de explorar la existencia de un mínimo común denominador a la hora de definir el hecho penalmente típico. De ser así, y asumiendo que el *nomen iuris* utilizado por el legislador para el tipo penal se mantiene en el tiempo y en el espacio, «será razonable pensar que el mismo se corresponde con la calificación «social» del comportamiento al que se refiere»[73]. Esta valoración es importante puesto que ante un concepto que como hemos sido es de difícil concreción, desde un punto de vista práctico la existencia

---

71. Maria Cerina, G.D, *La Insoportable levedad del concepto de corrupción…*, ob. cit., pág. 46.

72. Bacigalupo, S., «Tendencias de política criminal en la prevención de la corrupción y delitos económicos transnacionales», en Castro Moreno, A. (dir.) Otero González, P. (dir.) y Garrocho Salcedo, A. M. (dir.), AA. VV.: *Corrupción y delito. Aspectos de derecho penal español y desde la perspectiva comparada*, Dykinson, Madrid, 2017, pág. 57.

73. Maria Cerina, G.D., *La Insoportable levedad del concepto de corrupción…*, ob. cit., pág. 56.

de un idioma común en materia de corrupción supondría unificar macros teóricos diversos que abarcan desde la economía hasta el derecho pasado por la politología. De tal forma que los principios que subyacen a cada disciplina podrían ser tenidos en cuenta de la debida manera con la seguridad de que apuntan hacia un objeto común[74].

Finalmente, hay que señalar que la justicia administrativa en la que podría tener un importante peso el uso de la IA es, sin duda, la más caliente y politizada de las jurisdicciones, porque tiene ante sí un difícil reto como es controlar los actos de poder. Junto a la justicia administrativa, la justicia penal es hoy también una jurisdicción caliente toda vez que la batalla contra el fenómeno de la corrupción se está llevando a cabo en este campo con una pugna entre poderes; judicial, de una parte, y ejecutivo y legislativo.

El uso de la IA en el control del acto administrativo, en concreto dentro del sector de la contratación pública, podría servir de refuerzo al instituto de la responsabilidad de la Administración. La Administración, que personifica el interés general y que a veces está representada por negligentes o delincuentes servidores, debe ser protegida de manera proactiva. El uso de la IA quedará enmarcado la lucha como un eficaz sistema de lucha y prevención contra la corrupción, porque atacaría sus causas y origen. Del modo y manera que la enfermedad no se combate únicamente en el quirófano, sino mucho antes, con medidas profilácticas y con una vida higiénica, así también debería funcionar nuestra Administración.

IV. Una aproximación al concepto de inteligencia artificial y la utilización de algoritmos en la Administración

La **inteligencia artificial** (IA) es un concepto amplio, que ha sido, y es abordado por especialistas de diversas ramas del conocimiento. Cuando nos referimos a la IA no disponemos

---

74. KLITGAARD, R., «Estrategias para combatir la corrupción», en *Información Comercial Española, ICE: Revista de economía*, n. 741, 1995, págs. 25 a 34.

de un concepto establecido de forma indubitada por la legislación. Tal es así que un sector de la doctrina intenta acotar el concepto desde teorías que pivotan sobre sus manifestaciones[75]. Traemos a colación la definición que ofreció en el año 2019 el Alto Grupo de Expertos de la Unión Europea con el siguiente tenor[76]: «Los sistemas de **inteligencia artificial** (IA) son sistemas de software (y en algunos casos también de hardware) diseñados por seres humanos que, dado un objetivo complejo, actúan en la dimensión física o digital mediante la percepción de su entorno a través de la obtención de datos, la interpretación de los datos estructurados o no estructurados que recopilan, el razonamiento sobre el conocimiento o el procesamiento de la información derivados de esos datos, y la decisión respeto de la acción o acciones óptimas que deben llevarse a cabo para lograr el objetivo establecido. Los sistemas de IA pueden utilizar normas simbólicas o aprender un modelo numérico; también pueden adaptar su conducta mediante el análisis del modo en que el entorno se ve afectado por sus acciones anteriores. La IA es una disciplina científica que incluye varios enfoques y técnicas, como el aprendizaje automático (del que el aprendizaje profundo y el aprendizaje por refuerzo constituyen algunos ejemplos), el razonamiento automático (que incluye la planificación, programación, representación y razonamiento de conocimientos, búsqueda y optimización) y la robótica (que incluye el control, la percepción, sensores y accionadores así como la integración de todas las demás técnicas en sistemas ciberfísicos)».

Los sistemas basados en la IA pueden consistir simplemente en un programa informático, como pudiere ser un asistente de voz, un motor de búsqueda, o sistemas de reconocimiento facial. Igualmente, la IA también puede estar incorporada en dispositivos de hardware, como ocurre en el caso de robot avanzados e incluso automóviles autónomos.

---

75.   Barrio Andrés, M., «Hacia la regulación jurídica de la inteligencia artificial», en Belando Garín, B. y Marimón Durá, R. (dir.), *Retos del mercado financiero digital*, Aranzadi, Cizur Menor, 2021.

76.   Grupo Independiente de Expertos de Alto Nivel sobre Inteligencia Artificial creado por la Comisión Europea en junio de 2018, Directrices éticas para una IA fiable, documento presentado el 8 de abril de 2019, apartados 143 y 144.

En el ámbito jurídico, la IA está siendo objeto de un amplio debate toda vez que su aplicación supone una especial incidencia en el uso de los algoritmos[77], sino también en relación con los datos personales[78], al no poder obviar las implicaciones jurídicas que conlleva[79]. Esta situación de incertidumbre desde el punto de vista jurídico ha llevado a la necesidad de plantear una legislación específica sobre la inteligencia artificial.

En relación a lo que nos ocupa tenemos que señalar que lo que caracteriza a los sistemas de IA es que, en primer lugar, dependen del dato, que se erige en unidad básica del modelo[80]. Sin embargo, debemos advertir que algunos derechos pueden verse comprometidos y por ello se requiere un modelo seguro que dé cobertura y protección a los derechos de la ciudadanía[81]. En segundo lugar, debemos tener en cuenta que el concepto de inteligencia artificial alberga diversas realidades entre ellas el aprendizaje automático y, estrechamente relacionado con el tema que nos ocupa, el razonamiento automático[82].

Los algoritmos son una manifestación de la IA. El concepto de algoritmo podría definirse como «cualquier procedimiento formalizado en una serie de pasos para solucionar un problema o conseguir un resultado»[83]. La nota caracterís-

---

77. Barrio Andrés, M., *Retos y desafíos del Estado algorítmico de Derecho, Análisis del Real Instituto Elcano (ARI)*, n.º 82, 2020. Disponible en https://www.realinstitutoelcano.org/analisis/retos-y-desafios-del-estado-algoritmico-de-derecho/

78. Plaza Penadés, J., «Primeras reflexiones desde el Derecho sobre la Inteligencia Artificial», *Revista Aranzadi de Derecho y Nuevas Tecnologías*, n.º 47, 2018.

79. *Ibidem.*

80. De la Sierra, S., *Control judicial de los algoritmos: robots, administración y estado de derecho*, Aranzadi, pág. 1

81. Al respecto Carta de derechos digitales: https://www.lamoncloa.gob.es/presidente/actividades/Documents/2021/140721-Carta_Derechos_Digitales_RedEs.pdf

82. De la Sierra, S., *Control judicial de …*, ob. cit., pág. 1.

83. Huergo Lora, A., «Una aproximación a los algoritmos desde el Derecho administrativo», en Alejandro Huergo Lora, A. (dir.) / Díaz González, G.M. (coord.), *La regulación de los algoritmos*, Thomsom Reuters Aranzadi, 2020, pág. 27.

tica del uso de algoritmos en la actualidad es justamente la existencia de datos masivos que sustenta y alimentan dicho sistema para de esta forma multiplicar de forma exponencial su operatividad[84].

No existe una definición operativa de algoritmo en nuestro ordenamiento, y en este sentido no existe un régimen jurídico que establezca los parámetros a seguir a la hora de aplicar los algoritmos en los diversos ámbitos del Derecho. Sin perjuicio de ello existen diversas aproximaciones doctrinales que van sentando las bases de esta materia[85].

Es importante atender a cada aplicación de IA realizada por las Administraciones Públicas. Una categorización muy amplia de los usos potenciales de los algoritmos en este campo contempla distintos escenarios. Un algoritmo puede ser utilizado en los procesos de toma de decisiones para una contratación pública, por ejemplo. El algoritmo estaría configurado de modo que, atendidos los datos introducidos en el sistema, generaría un resultado que produciría los efectos jurídicos correspondientes en cada caso.

La IA es un aspecto vital del reciente avance tecnológico de la Cuarta Revolución Industrial. Con el vertiginoso desarrollo de la tecnología, el concepto de IA ha ido evolucionando en un continuo desarrollo conceptual que se expande continuamente. En general, el significado de IA incluye una serie de técnicas computacionales y procesos asociados los cuales son utilizados con el fin de mejorar la capacidad de las máquinas para realizar tareas intelectuales. Estas tareas englobarían el reconocimiento de patrones dentro del sector público como vamos a analizar a continuación.

La IA está afectando a muchas áreas de la vida social, como la economía, la política, la cultura, la ciencia y la tecnología. No es menos cierto que ante este nuevo contexto tecnológico las administraciones están comenzando a hacer uso de ella para mejorar su organización.

---

84.   BARRIO ANDRÉS, M., *Retos y desafíos* ..., ob. cit.

85.   Entre otros, CERRILLO I MARTÍNEZ, A., «El impacto de la Inteligencia Artificial en el Derecho Administrativo. ¿Nuevos conceptos para nuevas realidades técnicas?», *Revista General de Derecho Administrativo 50* (2019).

La especial naturaleza de la IA puede permitir que las características inherentes del aparato administrativo no sean una oportunidad para favorecer la corrupción. Se trata de una tarea desafiante, incluso en países desarrollados, que pueden beneficiarse enormemente de su uso. La creciente utilización de la IA en la gobernanza ha propiciado el surgimiento de nuevos gobiernos que la aplica, sin embargo, su aplicación también tiene numerosos impactos adversos potenciales relacionados con los derechos humanos, la transparencia y la rendición de cuentas.

No podemos obviar que la IA impacta los derechos humanos en muchos ámbitos de la sociedad. En particular, afecta negativamente respecto a la amplificación de los prejuicios sociales existentes, generando desigualdades en la sociedad, y afectando profundamente el derecho a la privacidad. Los derechos fundamentales que están expuestos directamente por la IA incluyen el derecho a la igualdad y la no discriminación, el derecho a la participación, el derecho a la privacidad y la seguridad de la información personal, la libertad de expresión y el derecho al trabajo.

V. El uso de la IA y transparencia en la toma de decisiones de la Administración

Tradicionalmente, el sector público ha jugado «dos papeles principales en relación a la Inteligencia Artificial»[86]. Por un lado, el sector público actúa como regulador de tal forma que establece el parámetro normativo, por otro, tiene también el rol de «acelerador»[87] proporcionando, no sólo financiación sino dotando de soporte para su adopción.

Los derechos de la ciudadanía en relación con la IA vienen reconocidos en la Carta de Derechos Digitales[88] y, por

---

86. TORRECILLA-SALINAS, C. y otros, «¿Para qué sirve la Inteligencia Artificial en el sector público? Casos de uso y perspectivas de aplicación», en GAMERO CASADO, E. (director), PÉREZ GUERRERO, F.L. (coordinador), *Inteligencia artificial y sector público: Retos, límites y medios*, Tirant lo blanch, Valencia 2023, pág. 76.

87. *Ibidem*.

88. https://derechodigital.pre.red.es/

tanto, se aplican en el marco de la actuación administrativa. El art. XXV[89] requiere que se asegure un enfoque centrado en la persona y precisa que en el desarrollo y ciclo de vida de los sistemas de inteligencia artificial se deberá garantizar el derecho a la no discriminación algorítmica; la transparencia, audibilidad, aplicabilidad y trazabilidad; y la accesibilidad, usabilidad y fiabilidad. Junto con ello, reconoce el derecho a solicitar una supervisión e intervención humana y a impugnar las decisiones automatizadas basadas en sistemas de IA que produzcan efectos en su esfera personal y patrimonial.

El uso de la Inteligencia Artificial por parte de la Administración Pública presenta una serie de oportunidades evidentes, cómo pueden ser, entre otras, las siguientes[90]:

a) La mejora de los procesos internos de la administración, gracias a la capacidad de procesar grandes volúmenes de información rápidamente y de una forma eficaz.

b) La mejora de los servicios públicos que el gobierno presta al ciudadano, incrementando la personalización, el soporte y ayuda, o la interacción con el mismo.

c) La innovación en los servicios públicos, a través de la creación de nuevas formas de proporcionar atención a los ciudadanos.

d) Una toma de decisiones mejorada, a través del análisis de más y más diversas fuentes de datos.

---

89. 1. La inteligencia artificial deberá asegurar un enfoque centrado en la persona y su inalienable dignidad, perseguirá el bien común y asegurará cumplir con el principio de no maleficencia. 2. En el desarrollo y ciclo de vida de los sistemas de inteligencia artificial: a) Se deberá garantizar el derecho a la no discriminación cualquiera que fuera su origen, causa o naturaleza, en relación con las decisiones, uso de datos y procesos basados en inteligencia artificial. b) Se establecerán condiciones de transparencia, auditabilidad, explicabilidad, trazabilidad, supervisión humana y gobernanza. En todo caso, la información facilitada deberá ser accesible y comprensible. c) Deberán garantizarse la accesibilidad, usabilidad y fiabilidad. 3. Las personas tienen derecho a solicitar una supervisión e intervención humana y a impugnar las decisiones automatizadas tomadas por sistemas de inteligencia artificial que produzcan efectos en su esfera personal y patrimonial.

90. *Ibidem*, pág. 77.

Respecto a esta última oportunidad señalada, debe recalcarse que esta posibilidad, por parte de los poderes públicos, de adoptar decisiones basados en modelos predictivos en lugar de hechos, a pesar de ser ciertamente discutible y criticado por la doctrina[91], es una realidad. Tal es así que estos modelos predictivos deberían ser objeto de regulación expresa[92] para garantizar que los modelos predictivos están siendo correctamente aplicados y no se vulneran derechos de terceros, como la privacidad, por ejemplo.

Cabría distinguir dos clases de usos o decisiones. En primer lugar, aquellas que no incidirían directamente en derechos o intereses de terceros, como la decisión de llevar a cabo determinadas actuaciones en ámbitos o sectores concretos. Estamos hablando, por ejemplo, de inspecciones, controles que podrían llevarse a cabo en aras de monitorizar un proceso de contratación pública, aplicación general de políticas públicas o planes de actuación de manera objetiva sin que intercedan intereses partidistas o subjetivos. En segundo lugar, otras que incidirían directamente en terceros, al tratarse de verdaderas decisiones de los poderes públicos con directa afectación de los interesados.

Dicho lo anterior es inevitable afirmar que la IA puede desempeñar un papel importante en las Administraciones Públicas a la hora de detectar situaciones de corrupción[93].

---

91. HUERGO LORA, A., «Una aproximación a los algoritmos desde el Derecho Administrativo», en HUERGO LORA, A. (Dir.), *La regulación de los algoritmos*, 2020, Ed. Thomson-Reuters Aranzadi, Cizur Menor (Navarra), 1.ª ed.

92. BERNING PRIETO, A. D., «La naturaleza jurídica de los algoritmos», en GAMERO CASADO, E. (director), PÉREZ GUERRERO, F.L. (coordinador), *Inteligencia artificial y sector público: Retos, límites y medios*, Tirant lo blanch, Valencia 2023, pág. 113.

93. El Sistema de Alertas Rápidas (SALER) de la Inspección General de Servicios de la Generalitat Valenciana se encarga de identificar indicios de irregularidad en expedientes administrativos. Este sistema se utiliza en contrataciones públicas, subvenciones y caja fija.
Otro proyecto es el Red Flags financiado por la Comisión Europea y creado por diversas organizaciones en Hungría para monitorear la contratación pública en ese país. Esta herramienta analiza procedimientos de contratación y, a través de un algoritmo, determina aquellos con mayor riesgo de corrupción.

Sin embargo, si bien es cierto que es una herramienta que puede ser de gran utilizada en la detección y prevención de la corrupción, no es menos cierto que existe la posibilidad de ser utilizada para la corrupción misma. De ahí la imperiosa necesidad de que, siendo que la IA puede analizar grandes cantidades de datos para identificar patrones sospechosos y detectar irregularidades en procesos como licitaciones, contratos y transacciones financieras el principio de transparencia sea ese pilar básico en el que se sustente su uso y utilidad. Es importante señalar que existe el riesgo de que la IA sea manipulada o utilizada para fines corruptos, como la generación de desinformación o la manipulación de datos para obtener beneficios privados. Efectivamente, resulta fundamental dar a conocer a las personas afectadas cómo opera, así como sus capacidades y limitaciones. No sólo eso, sino también participar en su diseño y aplicación[94].

Ante situaciones que pueden quedar enmarcadas dentro de la corrupción, corresponde al órgano competente de la Administración responsable comprobar si efectivamente se respeta la legalidad, así como principios en que se sustenta la Administración. Caso de no hacerse supondría una vulneración de la legalidad ordinaria que pudiere determinar, por ejemplo, el tratamiento de datos personales realizado por la IA.

Llegados a este punto es necesario hablar de transparencia de la actividad administrativa en el contexto del uso de IA por las Administraciones. Como pilar fundamental debemos señalar que el ser humano no es transparente en sus actuaciones[95]. Sin embargo, hemos diseñado un ordenamiento

---

Uno de los casos más destacados se encuentra en la Unión Europea, donde la plataforma Integrity Watch ha desarrollado herramientas basadas en IA para monitorear la contratación pública y señalar empresas con tendencias de colusión.

La Seguridad Social en España está empleando un algoritmo de inteligencia artificial para monitorizar a empleados en baja laboral y detectar posibles fraudes incorporados dentro del proyecto LINCE.

https://www.antifraucv.es/inteligencia-artificial-y-lucha-contra-la-corrupcion/

94. *Ibidem.*

95. Coglianese, C. y Lai, A., «Algorithm vs. Algorithm», *Duke Law Journal,* n.º 71, pág. 1313.

jurídico que entiende la transparencia como «la publicidad de un listado de informaciones variadas que se consideran relevantes a los efectos de justificar la acción administrativa y rendir cuentas ante los ciudadanos»[96]. Dicho principio resulta «igualmente aplicable a la actuación administrativa algorítmica»[97] y por tanto tiene especial incidencia en el uso de la IA.

Tal y como se ha advertido en los inicios de esta disertación uno de los grandes riegos derivados del uso de IA es la opacidad. Los documentos europeos sobre la materia[98] parten de tres exigencias a la hora de aplicar la transparencia a las técnicas de IA[99]:

a) trazabilidad (capacidad para llevar a cabo un seguimiento documentado de los datos, proceso y desarrollo de despliegue de un sistema de IA),

b) explicabilidad[100] (capacidad de explicar los procesos técnicos de un sistema de IA y las decisiones humanas asociadas al mismo) y

c) auditabilidad (capacidad de un sistema de IA de someterse a la evaluación de sus algoritmos, datos y procesos de diseño).

La transparencia es un principio general de la actuación administrativa (consagrado en el art. 3 Ley 40/2015, de 1 de octubre, de Régimen Jurídico del Sector Público) y un derecho constitucional (reconocido en el art. 105 CE y desarro-

---

96. Martin Delgado, I., «La aplicación del principio de transparencia a la actividad administrativa algorítmica», en Gamero Casado, E. (director), Pérez Guerrero, F.L. (coordinador), *Inteligencia artificial y sector público: Retos, límites y medios*, Tirant lo blanch, Valencia 2023, pág. 154.

97. *Ibidem.*

98. Directrices Éticas para una IA fiable (https://op.europa.eu/es/publication- detail/-/publication/d3988569-0434-11ea-8c1f-01aa75ed71a1, Última visita: 10/06/2025), publicado en abril de 2019 y elaborado por el Grupo Independiente de Expertos de Alto nivel sobre Inteligencia Artificial creado por la Comisión Europea en junio de 2018.

99. Martin Delgado, I., «La aplicación del principio de transparencia a ..., *op. cit.* pág. 157.

100. Un algoritmo es explicable cuando se puede interpretar y entender cómo ha obtenido sus predicciones o resultados.

llado por la Ley 19/2013, de 9 de diciembre, de transparencia, acceso a la información pública y buen gobierno). Como principio y como derecho, posee múltiples manifestaciones y aplicaciones prácticas en diferentes sectores del ordenamiento jurídico-administrativo.

En estrecha relación con lo anterior debemos señalar que la trazabilidad y la explicabilidad, entendidas como capacidad para explicar los procesos técnicos seguidos y las decisiones de ellos derivadas, «resultan imprescindibles no sólo para generar confianza en el sistema algorítmico, sino también y sobre todo para su reconocimiento legal cuando a través del mismo se adoptan decisiones»[101].

En definitiva, hablar de transparencia en el uso de la IA en el sector público exige tomar en consideración una doble vertiente[102]:

a) la transparencia externa, referida a la difusión de la información relativa a la existencia de sistemas que hacen uso de técnicas de IA en el sector público, los organismos responsables de su configuración y gestión, las empresas que los han diseñado, las condiciones de la contratación, etc.;

b) la transparencia interna, referida al funcionamiento práctico de la solución de la que se hace uso: espacio de aplicación, carácter decisorio o no decisorio, tipo de tecnología empleada, forma de razonamiento lógico del sistema, etc.

Dicho lo anterior si afirmamos que las herramientas basadas en la IA forman parte ya de la lucha contra el fraude y la corrupción, es necesaria establecer una exigencia previa para la viabilidad jurídica de los sistemas algorítmicos. En tal sentido resulta imprescindible no sólo desde la perspectiva de la transparencia en sentido estricto, sino desde el prisma de la motivación y el control.

---

101. MORENO REBATO, M. (2021): *Inteligencia Artificial (Umbrales éticos, Derecho y Administraciones Públicas)*, Aranzadi, Cizur Menor, pág. 77.

102. MARTIN DELGADO, I., La aplicación del principio de transparencia a ..., *op. cit.* pág. 159.

VI. Conclusiones

La IA tiene a fecha de hoy un gran impacto en la sociedad a todos los niveles. Tal es así que, debido a la digitalización y el uso de nuevas tecnologías, los procesos y herramientas de la contratación pública están cambiando.

Ante esta nueva situación es necesaria una reflexión por parte de la Administración a la hora de hacer uso de aplicaciones potenciales de la IA en la contratación, con el fin de evitar la corrupción. Es este momento inicial en el que debemos «explorar respuestas legales, administrativas y tecnológicas y viables para abordar los desafíos que presenta la IA»[103]. El derecho administrativo legisla la contratación pública, urbanismo, medio ambiente, por ejemplo, tendrá que adecuarse a la realidad e ir evolucionando con ella.

De ahí la necesidad de aplicar un concepto como el de la transparencia en el ámbito de la IA. En este sentido debemos conocer qué tipo de datos utiliza la IA y también cómo se inserta en los procesos de toma de decisiones. Por otro lado, no debemos abandonar la idea de que la desconfianza surge siempre de la opacidad y del desconocimiento.

Siendo que la principal característica de la IA es su capacidad de aprendizaje a partir de la información que se le suministra, así como la importancia que tienen las conexiones que establece la transparencia en este ámbito, la Administración debe apoyarse en expertos en su diseño que alimentan a la misma y hacen uso de algoritmos.

La transparencia exige finalmente conocer cuál ha sido exactamente el grado de intervención de la IA en el proceso de toma de decisiones concreto. Esto supone que hay que delimitar en qué medida interviene la IA y en qué medida intervienen los seres humanos en la decisión final, puesto que se corre el riesgo de que la propia corrupción utilice a aquella como herramienta en su beneficio.

---

103. EBERS, M., PONCIBÓ, C. Y ZOU, M., «Contracting and Contract Law in the Age of Artificial Intelligence», *Bloomsbury Publishing*, 2023.

VII. Bibliografía

ABANTO VÁSQUEZ M., «La lucha contra la corrupción en un mundo globalizado», en MUÑOZ CONDE F. Y LOSANO M. G. (coords.), *El derecho ante la globalización y el terrorismo «cedant arma togae»*, Tirant lo Blanch. Valencia, 2004.

AUGER, C., «La justicia ante el fenómeno de la corrupción», en *Claves de razón práctica*, 1995.

BACIGALUPO, S., «Tendencias de política criminal en la prevención de la corrupción y delitos económicos transnacionales», en CASTRO MORENO, A. (dir.) OTERO GONZÁLEZ, P. (dir.) y GARROCHO SALCEDO, A. M. (dir.), AA. VV.: *Corrupción y delito. Aspectos de derecho penal español y desde la perspectiva comparada*, Dykinson, Madrid, 2017.

BARRIO ANDRÉS, M., «Hacia la regulación jurídica de la inteligencia artificial», en BELANDO GARÍN, B. y MARIMÓN DURÁ, R. (dir.), *Retos del mercado financiero digital*, Aranzadi, Cizur Menor, 2021.

BARRIO ANDRÉS, M., *Retos y desafíos del Estado algorítmico de Derecho, Análisis del Real Instituto Elcano (ARI)*, n.º 82, 2020.

BERNING PRIETO, A. D., «La naturaleza jurídica de los algoritmos», en GAMERO CASADO, E. (director), PÉREZ GUERRERO, F.L. (coordinador), *Inteligencia artificial y sector público: Retos, límites y medios*, Tirant lo blanch, Valencia 2023.

BETANCOR, A., GARCÍA-BELLIDO, J., «Síntesis general de los estudios comparados de las legislaciones urbanísticas en algunos países occidentales»; en *Ciudad y Territorio. Estudios Territoriales* (XXXIII, 127), 2001.

BRITO DE ASSIS, A. M., *Ministerio Público y combate a la corrupción política. Cuestiones constitucionales y procesales sobre la configuración orgánica de la institución*, Tirant lo Blanch.

BRUFAO CURIEL P., «El concepto de corrupción: causas, mecanismos y consecuencias», en MARTÍNEZ FERNÁNDEZ J. Y BRUFAO CURIEL P. (coords.), *Aguas limpias, manos limpias. Corrupción e irregularidades en la gestión del agua en España*, Bakeaz, Bilbao, 2006.

CARRERA HERNÁNDEZ, J., «La Persecución Penal de la Corrupción en la Unión Europea». *Mesa Redonda sobre Cooperación Jurídica Internacional en Materia Penal: una Visión desde la Práctica. Colección Escuela Diplomática*, Cooperación Jurídica Internacional núm. 5.

COCCIOLO, E., «Las mutaciones del concepto de "corrupción". De la ambigüedad de las sociedades arcaicas a la complejidad en la época del Estado regulador y de la sociedad del riesgo», *Revista de Llengua i Dret*.

COGLIANESE, C. y LAI, A., «Algorithm vs. algorithm», *Duke Law Journal*, n.º 71.

COMIN, F., *Presupuesto y corrupción en la España contemporánea (1808-2017): lecciones de la historia, dentro de La corrupción política en la España contemporánea*, Marcial Pons Historia.

DE LA SIERRA, S., *Control judicial de los algoritmos: robots, administración y estado de derecho*, Aranzadi.

DELLA PORTA, D.- MÉNY, Y., «Democrazia e corruzione», en DELLA PORTA, D. MÉNY, Y. (a cura di), *Corruzione e democrazia. Sette paesi a confronto*, Liguori, Nápoles, 1995.

DÍEZ RIPOLLÉS, J. L., *et al.*, *Prácticas Ilícitas en la Actividad Urbanística. Un Estudio de la Costa del Sol*, Valencia, 2004, Tirant lo Blanch, pág. 30. También VERCHER NOGUERA, A., «La Corrupción Urbanística. Una Nueva Expresión Delictiva», en *Claves de la Razón Práctica*, núm. 139, enero-febrero 2004.

EBERS, M., PONCIBÓ, C. y ZOU, M., «Contracting and Contract Law in the Age of Artificial Intelligence», *Bloomsbury Publishing*, 2023.

CERRILLO I MARTÍNEZ, A., «El impacto de la Inteligencia Artificial en el Derecho Administrativo. ¿Nuevos conceptos para nuevas realidades técnicas?», *Revista General de Derecho Administrativo* 50 (2019).

FORCADELL I ESTELLER, X., *La corrupción en los gobiernos y administraciones locales en la España Contemporánea, dentro de La corrupción política en la España contemporánea*, Marcial Pons Historia.

GARBERÍ LLOBREGAT J., BUITRÓN RAMÍREZ, G., *El Procedimiento Administrativo Sancionador*, Tirant Lo Blanch - Tratados, Comentarios y Practicas Procesales 6.ª Edición 2016.

GARCIA DE ENTERRIA, E., «Democracía, jueces y control de la administración», *Civitas*, 5.ª edición, 2000.

HABERMAS, J., *Facticidad y validez. Sobre el derecho y el Estado democrático de derecho en términos de teoría del discurso*, Trotta, Madrid, 2005.

HOLMES, J., «Corruption in Center and Eastern Europe», en. BULL M.J y. NEWELL J.L, «Introduction», en el libro colectivo por ellos editado, *Corruption in Contemporary Politics, Palgrave MacMillan*, Londres, 2003.

HUERGO LORA, A., *Las sanciones administrativas*, Iustel.

HUERGO LORA, A., «Una aproximación a los algoritmos desde el Derecho administrativo», en Alejandro HUERGO LORA, A. (dir.) / DÍAZ GONZÁLEZ, G.M. (coord.), *La regulación de los algoritmos*, Thomsom Reuters Aranzadi, 2020.

JIMÉNEZ DE PARGA, M, «La corrupción en la democracia», en LAPORTA, F. J., ÁLVAREZ, S., *La corrupción política*, Madrid, 1997 Alianza.

JIMÉNEZ SÁNCHEZ, F., VILLORIA MENDIETA, M., *Crítica urbana: revista de estudios urbanos y territoriales*, Vol. 5, N.º 2.

KAUFMANN, D., «Corrupción y reforma institucional: el poder de la evidencia empírica», *Revista Perspectivas* vol. 3, núm. 3.

KLITGAARD, R., «Estrategias para combatir la corrupción, en Información Comercial Española», *ICE: Revista de economía*, n. 741, 1995.

MALEM SEÑA, J. F., «El fenómeno de la corrupción», en LAPORTA, F. J., ÁLVAREZ, S., *La corrupción política*, Madrid, 1997, Alianza.

MALEM SEÑA, J. F., «Pobreza, corrupción, (in)seguridad jurídica: desigualdad». *EUNOMÍA. Revista En Cultura de la Legalidad*, (14).

MARIA CERINA, G. D., La «Insoportable levedad del concepto de corrupción...», ob. cit., pág. 36, la cual menciona a DONNINI, M., *Il diritto penale come etica pubblica: Considerazioni sul politico quale «tipo d'autore»*, Mucchi Editore, Módena, 2015.

MARTIN DELGADO, I., «La aplicación del principio de transparencia a la actividad administrativa algorítmica», en GAMERO CASADO, E. (director), PÉREZ GUERRERO, F.L. (coordinador), *Inteligencia artificial y sector público: Retos, límites y medios*, Tirant lo blanch, Valencia 2023.

MIR PUIG, S., *Tratado de Derecho penal, parte general*, Reppertor, Barcelona, 2004.

MORENO REBATO, M., *Inteligencia Artificial (Umbrales éticos, Derecho y Administraciones Públicas)*, Aranzadi, Cizur Menor, 2021.

NAVARRO CARDOSO, F. *El cohecho en consideración al cargo o función*, Tirant Lo Blanch, Valencia 2018.

NEVADO-BATALLA MORENO, P. T., «El sistema de obligaciones del personal y autoridades al servicio de la Administración en el ordenamiento jurídico español: especial referencia al principio de lealtad a la Constitución», *IUSTITIA* núm. 9, 2011.

NIETO, A., *Corrupción en la España democrática*, Ariel, Barcelona, 1997.

ORTEGA GIMENEZ, A, «La lucha contra la corrupción política en la Unión Europea», dentro de LÓPEZ ÁLVAREZ, A., GARCIA NAVARRO, J.J. (coordinadores), *La Corrupción Política en España: una visión ética y jurídica*, Thomson Reuters, Pamplona.

PLAZA PENADÉS, J., «Primeras reflexiones desde el Derecho sobre la Inteligencia Artificial», *Revista Aranzadi de Derecho y Nuevas Tecnologías*, n.º 47, 2018.

PRIETO SANCHÍS, L., «La jurisprudencia constitucional y el problema de las sanciones administrativas en el Estado de Derecho», *Revista Española de Derecho Constitucional*, n.º 4, 1982.

PUIG PEÑA, F., *Derecho Penal*. Tomo I. Madrid: Editorial Revista de Derecho Privado, 1969, págs. 185. Podría equipararse a la búsqueda de un concepto de delito universal, en el que tanto esfuerzo y trabajo invirtieron los positivistas de finales del siglo XIX y principios del XX.

RANDO CASERMEIRO, P., *La distinción entre el derecho penal y el derecho administrativo sancionador*, 2010, Tirant Lo Blanch.

SALINAS JIMÉNEZ, J. y SALINAS JIMÉNEZ, M. DEL M., «Causas y efectos económicos de la corrupción», en RODRÍGUEZ GARCÍA, N. y RODRÍGUEZ LÓPEZ, F. (coords.), *Corrupción y desarrollo*. Valencia, 2017, Tirant lo Blanch.

TORRECILLA-SALINAS, C. y otros, «¿Para qué sirve la Inteligencia Artificial en el sector público? Casos de uso y perspectivas de aplicación», en GAMERO CASADO, E. (director), PÉREZ GUERRERO, F.L. (coordinador), *Inteligencia artificial y sector público: Retos, límites y medios*, Tirant lo blanch, Valencia 2023.

VILLORIA MEDINA, M. F., *La corrupción en España: rasgos y causas, Derecho, confianza y democracia*, coord. por BETEGÓN CARRILLO, J., DE PÁRAMO ARGÜELLES, J.R., CALVO SOLER, R. 2013.

VILLORIA MENDIETA, M., «Control de la corrupción y reforma legal y judicial», ponencia preparada para la *conferencia sobre la reforma legal y judicial y control de la corrupción en América Latina*, del 23 de mayo al 3 de julio de 2002.

VILLORIA, M., «Integridad», *Eunomía. Revista en Cultura de la Legalidad* núm. 1.

VILLORIA, M., «Principales rasgos y características de la corrupción en España», en VILLORIA M., GIMENO J.M. Y TEJEDOR J.C., (dirs.), *La Corrupción en España: ámbitos, causas y remedios jurídicos*, 2016, Barcelona, atelier.

CAPÍTULO 4

¿VULNERACIÓN DEL DERECHO A LA TUTELA JUDICIAL EFECTIVA CON EL USO DE LA INTELIGENCIA ARTIFICIAL (IA) LAW?

Ivana M.ª Larrosa Ibañez

Profesora del Grado de Derecho y Criminología de la Universidad San Jorge de Zaragoza y Magistrada Suplente de la Audiencia Provincial de Zaragoza.

I. Introducción

La utilización de la IA Law, en el ámbito del ejercicio jurisdiccional plantea en la actualidad una serie de problemas, pero también una serie de importantes avances, tanto para el justiciable como para el órgano juzgador. Por un lado, el proceso se agiliza, simplifica, se convierte en más efectivo, pero por otro, puede generar un grave atentado, no sólo en materia de la protección de datos del justiciable, sino también puede resultar vulnerado el derecho a la tutela judicial efectiva. Las garantías que se pregonan y que abarcan los derechos fundamentales en el ámbito de las actuaciones jurisdiccionales independencia, imparcialidad, no discriminación, efectividad y/o transparencia pueden verse lesionadas con la utilización de estos sistemas inteligentes en el ámbito judicial. Para concluir si efectivamente el derecho fundamental a la tutela judicial efectiva puede verse o no lesionado con la utilización de la IA Law, analizaremos primero en que consiste la aplicación del derecho por el órgano judicial. En concreto cuáles son los hitos necesarios, para dar solución jurídica (resolución judicial, llámese sentencia o auto) a los conflictos y problemas jurídicos que se plantean y si es posible la utilización de la IA en la aplicación del derecho por el órgano judicial, sin verse afectado el derecho a la tutela judicial efectiva, y en su caso, en qué medida podría sustituirse la intervención lógica, de razonamiento humano, del juzgador por estos procesos automatizados. En segundo lugar, cuales serían los sistemas de IA Law que podrían en su caso utilizarse, en qué medida, y cuáles serían los límites reservados al razonamiento humano y los principios fundamentales que deberían aplicarse en su utilización. También se analizará cual es la regulación nacional e internacional en materia de IA y su aplicación al derecho, es especial las consecuencias y su impacto en el ejercicio del derecho a la tutela judicial, en especial cuáles son los puntos que el nuevo Reglamento de la UE de IA, Reglamento (UE)2024/1689 del Parlamento Europeo y del Consejo de 13 de junio de 2024 (Rg (UE) 2024/1689)[1], así como el Convenio Marco del Consejo de Europa sobre inteligencia artificial, derechos humanos, democracia y Estado de Derecho COM (2024)[2], establecen si los hay. para garantizar el ejercicio de la función jurisdiccional independiente, imparcial.

---

1. Reglamento (UE) 2024/1689 del Parlamento Europeo y del Consejo, de 13 de junio de 2024, por el que se establecen normas armonizadas en materia de inteligencia artificial, fue publicado el en el DOUE, de 12 de julio de 2024, p.1-144. Entró en vigor el 1-08-2024 y está disponible en https://www.boe.es.

2. El Convenio Marco del Consejo de Europa sobre inteligencia artificial, derechos humanos, democracia y Estado de Derecho aprobado el 26.06.2024. COM (2024). Establece con el mismo garantizar que las actividades llevadas a cabo con el uso de la IA sean plenamente coherentes con los derechos humanos, la democracia y el Estado de Derecho. Disponible en https://eur-lex.europa.eu

II. Concepto de inteligencia artificial (IA) y su aplicación en el ámbito de la justicia

2.1. Concepto

El término Inteligencia Artificial (IA) y todos aquellos sistemas relacionados con la misma, has sido definidos de forma interdisciplinar, atendiendo a los diferentes sectores en los que se aplica. De este modo nos encontramos con diferentes definiciones llevadas a cabo en relación con los mismos, tanto por la doctrina como por la normativa más reciente que surge para regularla.

La Real Academia Española de la Lengua, RAE, (2025)[3], la define como: «Disciplina científica que se ocupa de crear programas informáticos que ejecutan operaciones comparables a las que realiza la mente humana, como el aprendizaje o el razonamiento lógico».

En la obra de Mitchell (1997)[4], nos podemos encontrar una de las primeras definiciones sobre Inteligencia Artificial, dentro de *Machine Learning*: «Una forma de aprendizaje para la resolución de problemas. Consistente en la utilización del conocimiento previo junto con los datos aportados para la consecución de soluciones»

Y en el ámbito del Derecho, Salom (2021) la define como: «La inteligencia artificial (en adelante, IA) es el proceso por el que, llámese un ordenador o un robot realiza tareas propias de un ser humano que requieren un razonamiento. Según la finalidad puede adoptar cuatro formas[5]:

1. *Big data*, cuando se busca gestionar de manera eficiente una gran cantidad de datos.

---

3. La definición Inteligencia Artificial dada por la RAE, está disponible en el siguiente enlace https://dle.rae.es/inteligencia#2DxmhCT (último acceso el 17-07-2025).

4. Mitchell, T (1997). *Machine Learning.* McGraw-Hill Education.p.16.

5. Salom Lucas, A. (2021), *El derecho y la Inteligencia Artificial, en Cuadernos Digitales de Formación*, (2021), Consejo General del Poder Judicial.

2. *Data mining*, utilizada para encontrar patrones y resumir grandes cantidades de datos con la finalidad de facilitar la toma de decisiones.

3. *Machine learning* o aprendizaje automático, cuando el objetivo es que la máquina aprenda a partir de los datos que se le van incorporando, sin ser expresamente programada.

4. *Deep learning*, cuando se pretende que la máquina aprenda constantemente gracias a algoritmos predictivos».

El Rg (UE)2024/1689 define la IA[6], como: *un sistema basado en una máquina con una capacidad de autodecisión y autonomía para adaptarse a determinados ámbitos y que de acuerdo con la información que recibe de entrada genera resultados de salida tales como predicciones, contenidos, recomendaciones o decisiones, que pueden influir en entornos físicos o virtuales.*

Y de una forma muy parecida el COM (2024), define en su art. 2 los sistemas de inteligencia artificial que pueden influir en entornos físicos o virtuales como: «Un sistema basado en máquinas, que para la búsqueda de objetivos deduce la información que percibe, generando resultados, predicciones, contenidos y recomendaciones».

Destacar la definición de IA generativa (IA Gen). La cual se refiere a una tecnología de inteligencia artificial que deriva nuevas versiones de texto, audio o imágenes visuales a partir de grandes cantidades de datos en respuesta a las indicaciones del usuario. IAGen se puede utilizar en aplicaciones independientes, como ChatGPT o Bard, o incorporado en otras aplicaciones. Este tipo de IA a veces establece respuestas ficticias, falsas, que inducen a confusión, son las alucinaciones (CTEAJE, 2024)[7].

---

6. Rg (UE)2024/1689, art. 3.

7. El Comité Técnico Estatal de la Administración Judicial Electrónica (CTEAJE, 2024), ha elaborado un protocolo sobre la política de uso de la inteligencia artificial en la Administración de Justicia, en el que se establecen además de las políticas de uso, las principales definiciones relacionadas con la IA. P-8. Disponible en la página del ministerio

Existen además conceptos relacionados y necesarios a la hora de comprender, la aplicación de la IA en el ejercicio de la función jurisdiccional. De este modo podemos hablar de los algoritmos, ya que son la base de muchos de los sistemas de IA.

Los algoritmos están constituidos por un conjunto de reglas y e instrucciones y son utilizados para resolver un problema específico y permiten que de este modo las máquinas aprendan y tomen determinadas decisiones. Este conjunto de datos e instrucciones dados por los humanos, deben de estar libres de cualquier sesgo o tendencia discriminatoria o ideológica (CTEAJE, 2024). El Rg (UE)2024/1689, establece en su considerando 110, que determinados sesgos pueden ser discriminatorios, dañinos, y pueden entrañar un grave riesgo para las personas. Y en el propio marco de la Estrategia Nacional de Inteligencia Nacional, de la Carta de Derechos digitales de las iniciativas europeas en torno a la Inteligencia Artificial, se establece que las administraciones públicas favorecerán mecanismos de control para la minimización de sesgos, la transparencia y el control de los mismos[8].

2.2. Su aplicación en el ámbito de la justicia

El proceso de digitalización en el ámbito de la justicia es una realidad, la utilización de la IA LAW, y de algoritmos en el ejercicio de la función jurisdiccional se ha convertido en algo habitual, que en determinados casos puede poner en peligro los derechos fundamentales de tutela judicial efectiva, independencia judicial o imparcialidad.

La Carta de los Derechos Fundamentales de la Unión Europea (UE) consagra en su art. 47 el derecho a la tutela judicial

---

de Justicia. https://www.administraciondejusticia.gob.es/cteaje(último acceso el 17-07-2025).

8. Ley 15/2022, de 12 de julio, integral para la igualdad de trato y la no discriminación, regula en su art. 23 el uso de la Inteligencia artificial y las decisiones automatizadas. En ella se indica que: «las administraciones públicas promoverán el uso de la inteligencia artificial respetando los derechos fundamentales, promoviendo un sello de calidad de los algoritmos».

efectiva y a un juez imparcial. Y en este marco el Consejo de la Unión Europea, la Comisión y el Parlamento Europeo, han elaborado la estrategia europea relativa a la justicia en Red 2024-2028, entre cuyos objetivos se encuentra promover una justicia digital innovadora, aprovechando el potencial de las tecnologías innovadoras, en concreto: la utilización de la IA para la anonimización y seudonimización de las resoluciones judiciales conforme la normativa en materia de protección de datos; como herramienta para la transcripción de los procedimientos y la documentación de las pruebas reunidas por el órgano jurisdiccional o para analizar jurídicamente la jurisprudencia aplicable a los casos[9].

El Magistrado de la Sala de lo Penal del Tribunal Supremo, (MORAL, 2022), analiza el uso de la IA Law, en tres ámbitos de justicia[10]. En primer lugar, el área de la tramitación procesal, en segundo lugar, en el ámbito de la investigación penal; y por último en el ámbito de decisión judicial.

2.2.1. Área de tramitación procesal

El uso de la IA Law, en esta área, al tratarse de una fase meramente mecánica y repetitiva, generaría una celeridad y eficiencia en el procedimiento, simplificándolo y ahorrando tiempo para los órganos judiciales, que podrían dedicarlo en cambio, a dictar resoluciones judiciales que exigen una fundamentación y razonamiento lógico y jurídico, sería más que recomendable (MORAL, 2022).

La línea de automatización de la justicia y la aplicación de la IA ha sido regulada explícitamente a través del Real Decreto-ley 6/2023, de 19 de diciembre, por el que se aprueban medidas urgentes para la ejecución del Plan de Recupera-

---

9. Estrategia Europea relativa a la justicia en Red 2024-2028 C/2025/437. Diario Oficial de la Unión Europea de 16.01.2025. Disponible en https://eur-lex.europa.eu/legal-content/ES/TXT/PDF/?uri=OJ:-C_202500437(último acceso el 17-07-2025).

10. El Magistrado MORAL, A. (2022), analiza los ámbitos judiciales en los que la IA puede aplicarse. En concreto se desarrolló en el Encuentro «Robotización e Inteligencia Artificial en la Justicia», organizado por el Ministerio de Justicia en colaboración con AMETIC el pasado 16 de marzo de 2022. Disponible en https://youtu.be/0S8kfKm8GZI.

ción, Transformación y Resiliencia en materia de servicio público de justicia, función pública, régimen local y mecenazgo de 2023. Según se establece en su exposición de motivos, la tramitación electrónica del procedimiento judicial ser orientará al dato. Es decir, con su gestión se facilitará la interoperabilidad del sistema, la producción de actuaciones automatizadas, asistidas y proactivas, la anonimización y seudonimización, así como la utilización de la IA para la elaboración de políticas publicas[11].

En esta línea de automatización en el área procesal, se han introducido diferentes herramientas que han facilitado el trabajo del órgano jurisdiccional, como la calculadora 988 o el programa de cancelación automático de antecedentes penales, desarrollados por el Ministerio de Justicia.

La calculadora 988 es una aplicación informática en la que se calcula de forma automática, el máximo de cumplimiento que puede cumplir un condenado, con varias condenas de conformidad con lo dispuesto en el art. 76 del Código Penal[12]. Esta aplicación está dirigida a jueces, magistrados, fiscales y letrados de la administración de la justicia que realizan ejecutorias en el ámbito penal y usuarios de instituciones penitenciarias[13]. Se trata de un proceso de mero cálculo automatizado, que no requiere ningún razonamiento jurídico ni

---

11. El art. 35 de la Ley Real Decreto-ley 6/2023, de 19 de diciembre, por el que se aprueban medidas urgentes para la ejecución del Plan de Recuperación, Transformación y Resiliencia en materia de servicio público de justicia, función pública, régimen local y mecenazgo de 2023, regula de forma explícita el uso de la IA en la Administración de Justicia orientada al uso de los metadatos.

12. El art. 76 del Código Penal, establece el tiempo máximo de cumplimiento efectivo de condena que puede cumplir el preso, aunque las penas se hayan impuesto en distintos procesos, siempre y cuando los sean por hechos cometidos antes de la fecha que en que fueran enjuiciados, los que siendo objeto de acumulación lo hubieran sido en primer lugar. En este sentido se establece como límite temporal general: *«el triple del tiempo por el que se imponga la más grave de las penas en que haya incurrido, declarando extinguidas las que procedan, desde que las ya impuestas cubran dicho máximo, que no podrá exceder de 20 años».* Disponible en https://www.boe.es/buscar/act.php?id=-BOE-A-1995-25444

13. El sistema de acceso y la forma de cálculo automatizada está disponible vía electrónicamente a través de la página https://www.adminis-

fundamentación, por el órgano jurisdiccional y que por tanto no pone en peligro ni el derecho a la tutela judicial efectiva del justiciable ni la independencia e imparcialidad judicial.

En el mismo sentido, debe predicarse del programa de cancelación automática de antecedentes penales, de acuerdo con lo dispuesto en el art. 136 del CP[14]. Proceso automático, que tampoco exige ningún razonamiento jurisdiccional que ponga en peligro los derechos fundamentales procesales del justiciable.

2.2.2. Área de Investigación penal

En esta área, es dónde mayor desarrollo está teniendo el uso de la IA en el campo de la investigación penal. No obstante, y como manifiesta (MIRÓ, 2018): «Habría que distinguir por un lado la IA en relación con el sistema de justicia penal, el uso de la IA para la prevención e investigación policial de la delincuencia, lo que denomina, inteligencia artificial policial; y en segundo lugar la IA aplicada a la investigación judicial para determinar la responsabilidad delictiva, lo que denomina, Inteligencia Artificial judicial»[15]. En relación con este ámbito judicial, si bien puede y en la actualidad está suponiendo una mejora del sistema judicial, sobre todo en materia de tramitación y gestión de prueba (NIEVA, F, 2018). Sin embargo, su uso pude conllevar un grave atentado contra los derechos y garantías fundamentales de nuestro sistema penal.

Nuestra Constitución de 1978 actualmente vigente, no reconoce expresamente la IA como límite a la intimidad personal. No obstante, el art. 18.4 de la misma, establece que

---

traciondejusticia.gob.es/-/soluciones-calculadora-988 (Último acceso el 17-07-2025).

14. El art. 136 del CP establece que: «*los condenados que hayan extinguido su responsabilidad penal tienen derecho a obtener del Ministerio de Justicia, de oficio o a instancia de parte, la cancelación de sus antecedentes penales*».

15. MIRÓ, F (2018): «Inteligencia artificial y Justicia Penal: Más allá de los resultados lesivos causados por robots». *Revista de Derecho Penal y Criminología*. 3.ª época, n.º 20 p.87-130. https://doi.org/10.5944/rdpc.20.2018.26446.

«La ley limitará el uso de la informática para garantizar el honor y la intimidad personal y familiar de los ciudadanos y el pleno ejercicio de sus derechos». Y si bien no se habla expresamente de IA, es doctrina jurisprudencial del Tribunal Supremos, que junto con el derecho a la intimidad tradicionalmente reconocido en el art. 18 se la equipara, a la intimidad virtual o al entorno virtual[16]. La evolución del concepto tradicionalmente conocido de intimidad personal, hacia entornos digitales y virtuales en los que mueven las personas físicas o jurídicas, ha sido igualmente expuesto por el Tribunal Constitucional y la necesidad de protección. En este sentido, el TC, en Sentencia de Pleno 33/2023, de 18 de abril, resolviendo recurso de amparo en la que se denunciaba atentado contra el derecho a la intimidad del art. 18 de la CE, tras la publicación por la policía autonómica de una fotografía suya en la web, y en la que se establecía:

> «El hecho de que circulen datos privados en internet no significa que lo privado se haya tornado público, puesto que el entorno digital no es equiparable al concepto de "lugar público" del que habla la Ley Orgánica 1/1982, ni puede afirmarse que los ciudadanos de la sociedad digital hayan perdido o renunciado a los derechos protegidos en el art. 18 CE. Los datos que circulan en los entornos digitales no pueden sacrificar por este solo hecho los derechos fundamentales vinculados a su protección, cuya razón de ser última es la protección de la dignidad de la persona. Aunque los riesgos de intromisión hayan aumentado exponencialmente con el uso masivo de internet y todas sus posibilidades, para ahuyentarlos debemos seguir partiendo del mismo principio básico que rige el entorno analógico y afirmar que el reconocimiento constitucional de los derechos fundamentales comprendidos en el art. 18 CE conlleva la potestad de la persona de controlar los datos que se publican y difunden en la red y que le conciernen».

---

16. Sentencia del Tribunal Supremo, Sala de lo Penal, Siendo Ponente Antonio del Moral, de fecha 19 de abril de 2017. (STS 1487/2017 - ECLI:ES:TS:2017:1487).

Dentro de este ámbito de investigación penal, destacaremos el uso de las técnicas de IA para la valoración del riesgo, en el ámbito de la Violencia de Género, a efectos no sólo preventivos, de valoración del riesgo sino también a la hora de adoptar medidas de protección para las víctimas de esta violencia machista. El sistema elegido es el sistema VioGén, mecanismo de protección integral en los casos de violencia de género. Se trata de un instrumento de inteligencia artificial para la valoración del riesgo en dichos supuestos en nuestro sistema español bajo la Ley Orgánica 1/2004, de 28 de diciembre, de Medidas de Protección Integral contra la Violencia de Género.

El Convenio de Estambul como instrumento internacional *del Consejo de Europa sobre prevención y lucha contra la violencia contra la mujer y la violencia doméstica, hecho en Estambul el 11 de mayo de 2011*(CVE 2011), establece en el capítulo VI la obligación que tienen los Estados partes de adoptar todas aquellas medidas, legislativas, judiciales, entre otras, para que los procesos de investigación, judiciales y de adopción de medidas de protección de las víctimas (incluidos los menores) respecto a los delitos de violencia previstos en el Convenio, se adopten sin demoras injustificadas. Para ello establece como requisito fundamental la necesidad de una valoración del riesgo de la letalidad, de la gravedad de la situación y de la reincidencia de la violencia por el agresor, a efectos de adoptar las medidas de seguridad y protección de la víctima. No establece cuales son los parámetros de valoración, sino que remite a cada Estado su determinación.

Entre las funciones del sistema Viogen destacaremos no sólo las funciones predictivas del riesgo en que se puedan encontrar las víctimas, y en función del nivel del riesgo la adopción de medidas de seguimiento y protección de las mismas. Sino también las preventivas y de protección de las víctimas (madres e hijos), en cualquier parte del territorio a través de las órdenes de protección[17]

---

17. Sobre la valoración del riesgo y la IA se realizó por la que se suscribe una ponencia en el congreso mundial de victimología mundial celebrado en el año 2022.

2.3. Ámbito de decisión judicial

El uso de herramientas de inteligencia artificial puede servir de apoyo, y agilizar la labor del juzgador dotándola de mayor eficacia y agilidad, no obstante, no puede interferir en el poder de decisión de los jueces y tribunales que viene atribuido a los mismos de acuerdo con nuestro sistema constitucional y legislativo de forma exclusiva.

El art. 117 de la CE establece uno de los principios fundamentales de nuestro sistema constitucional: *«La justicia emana del pueblo y se administra en nombre del Rey por Jueces y Magistrados integrantes del poder judicial, independientes, inamovibles, responsables y sometidos únicamente al imperio de la ley».*

De acuerdo con el art. 2 de la Ley Orgánica 6/1985, de 1 de Julio del Poder Judicial (LOPJ): *«El ejercicio de la potestad jurisdiccional, juzgando y haciendo ejecutar lo juzgado corresponde exclusivamente a los jueces, a las juezas y tribunales determinados por la Ley».*

El Rg (UE) 2024/1689, también conocido como la Ley de Inteligencia Artificial considera, como de alto riesgo[18]:

> «La utilización de determinados sistemas de IA destinados a la administración de justicia, poniendo en peligro y pudiendo atentar contra el sistema democrático, el Estado de Derecho, las libertades individuales y el derecho a la tutela judicial efectiva y a un juez imparcial. Califica como de alto riesgo, aquellos sistemas de IA destinados a ser utilizados por una autoridad judicial o en su nombre para ayudar a las autoridades judiciales a investigar e interpretar los hechos y el Derecho y a aplicar la ley a unos hechos concretos».

Sigue diciendo el Rg (UE) que la IA puede completar la labor de resolución de los jueces pero que de ningún modo puede sustituirla, habida cuenta que se trata de un razonamiento lógico y humano, que no puede proceder de una

---

18.   *Vid*. Considerando 61 del Rg. (UE) 2024/1689.

herramienta de inteligencia artificial que pudiese estar afectada por sesgos y errores discriminatorios y oscuros, carentes de cualquier control y preparación. No obstante, eso no obsta para que determinados sistemas de IA sean utilizados en actividades meramente administrativas de tramitación o documentación, como anteriormente hemos mencionado.

En consecuencia, el uso de la IA aplicada directamente a la resolución de los asuntos judiciales supondría no sólo una interferencia el ejercicio de la función jurisdiccional, que podría incluso calificarse, como de «intrusismo profesional» en el ámbito judicial, además un atentado directo a nuestro sistema constitucional y a la normativa europea y nacional que lo regula, pudiendo verse incluso quebrantado el sistema de independencia judicial. No obstante, como venimos predicando y reconoce el nuevo Rg(UE) la IA puede y de hecho está sirviendo de apoyo a la labor de los jueces y magistrados en funciones que no requieren un razonamiento lógico y humano.

En consecuencia, la solución pasa por distinguir cuando el órgano judicial puede recurrir al uso de la IA en el ejercicio de la función jurisdiccional; ¿qué áreas están reservadas al razonamiento lógico y humano y no a la IA?; ¿cuáles por tanto podrían ser asumidas por la IA e incluso se podría hablar en ellas de la intervención de los controvertidos jueces y juezas robots?; y por último ¿cuáles serían los principios básicos que deberían cumplirse en caso de aplicación de la IA?

2.3.1. Función jurisdiccional del juez

La función jurisdiccional del juez pasa por diferentes fases, ya que el juzgador para dar respuesta a la controversia jurídica planteada debe seguir un profuso proceso de estudio del conflicto hasta su resolución, que pasa por[19]:

---

19. Sobre esta cuestión, es relevante el estudio realizado por San Miguel Caso, C (2023) «Inteligencia Artificial y algoritmos: la controvertida evolución de la tutela judicial efectiva en el proceso penal». *Estudios penales y criminológicos 44, p.11.* Disponible en https://revistas.usc.gal/index.php/epc/article/view/8859
Destacar igualmente el llevado a cabo por Martínez Zorrilla, (2019) «La decisión judicial automatizada: entre la ciencia y la ficción», en

1.º- La búsqueda, selección e interpretación de las normas jurídicas, así como de la jurisprudencia aplicable al caso, de nuestros más altos tribunales jurisdiccionales (El Tribunal Supremo,, Tribunal de Justicia de la Unión Europea) o constitucionales el Tribunal Constitucional (TC) o Tribunal Europeo de Derechos Humanos (TEDH) o jurisprudencia menor, procedente de los tribunales inferiores (audiencias provinciales, tribunales superiores de justicia u órganos unipersonales), que ha resuelto casos similares al planteado; así como la selección estudios doctrinales, sobre la materia.

En relación con las funciones de selección y búsqueda, se trataría por tanto de una labor de recopilación, que actualmente viene amparada por la utilización de bases de datos o metabuscadores inteligentes a nivel jurídico que aceleran y facilitan la labor de búsqueda y selección de la norma y jurisprudencia del juez. Ahora bien, la labor de interpretación jurídica lleva consigo una labor de razonamiento lógico que según que ámbitos, complejos, pudiera conllevar resultados no queridos.

2.º- La determinación de los hechos declarados probados, que requiere establecer conforme al principio de inmediación, la existencia de una relación de causalidad.

3.º- La calificación jurídica de los hechos, lo que requiere una labor de subsunción de los hechos que previamente se declaran probados en las diferentes categorías jurídicas, razonándolo jurídicamente. Lo que excede en muchos de los casos de una labor meramente automática y matemática.

4.º- Y por último el fallo, solución del problema planteado, explicado de forma razonada u motivada jurídicamente conforme al proceso anterior.

Por tanto, juzgar implica, como ya hemos expuesto, no sólo determinar cuáles son las normas y jurisprudencia aplica-

---

VIAL DUMAS, M. Y MARTÍNEZ ZORRILLA, D. (eds.). *Pensando al juez*. Madrid: Marcial Pons, pp. 152-173ª.

Así como el estudio realizado por D'ÁLOIA, A (2025). «Inteligencia artificial, derechos fundamentales y democracia». En *Teoría y realidad Constitucional*. n.º 55. Disponible en https://doi.org/10.5944/trc.55.2025.45030

bles al caso concreto, sino realizar una serie de operaciones lógicas, racionales, subsumir el hecho enjuiciado a la norma aplicable y fundamentar jurídica y racionalmente el porqué de esa decisión, algo que a la IA, o llámese juez robot, se le escapa[20], ya que toma decisiones meramente automáticas a través de un algoritmo[21].

Además, hay que tener en cuenta, qué en la construcción de dichos algoritmos, se pueden incluir sesgos discriminatorios que afectarían a la imparcialidad del juez, incluso podría haber manipulación del mismo de forma intencionada, para dictar resoluciones con un determinado sentido, ya que los jueces robots se limitan a obedecer un determinado programa[22].

No obstante, es cierto que, dependiendo del tipo de procedimiento, y la naturaleza del conflicto planteado (pequeñas reclamaciones de cantidad, multas de tráfico), la utilización de la IA como proceso rápido y sencillo resultaría factible

Por ello y ya concluyendo es cierto que la utilización de IA en Derecho en áreas determinadas, de tramitación, y en procesos en los que la solución es meramente mecánica, en los que no se exige razonamiento ni interpretación lógica, tendría y de hecho es aceptada su aplicación. De hecho, además, uno de los principales argumentos a favor de su aplicación en el ámbito del Derecho, es que, a la hora de tomar las decisiones los jueces robots no están afectados por perjuicios ni apreciaciones subjetivas, son verdaderamente imparciales, a diferencia de los jueces humanos que pueden tener en cuenta determinados aspectos subjetivos que afectan a la toma de sus decisiones.

---

20. En este sentido ver las reflexiones de BELLOSO MARTÍN, N. (2021), «Inteligencia Artificial en la resolución de asuntos judiciales. Reflexiones desde el paradigma de la justicia predictiva», en *Derecho e Inteligencia Artificial, Cuadernos Digitales de Formación*, n.º 3, CGPJ p-6.

21. La inteligencia artificial es definida por HARARI, YUVA, N., (2018), *lições para o Século 21*. São Paulo: Companhia das Letras. ISBN 978-8535930917.

22. MARTÍNEZ GARCÍA, J., (2020) «La respuesta jurídica». En: *Anuario de Filosofía del Derecho. Boletín Oficial del Estado*. Madrid: Ministerio de Justicia, Sociedad Española de Filosofía Jurídica y Política, 2020, vol. XXXVI, Disponible en: https://www.boe.es/biblioteca_juridica/anuarios_derecho/anuario.php?id=F_ANUARIO_DE_FILOSOF%C3%-8DA_DEL_DERECHO&tipo=R&modo=2

Sin embargo, juzgar implica no sólo determinar cuáles son las normas y jurisprudencia aplicables al caso concreto, sino realizar una serie de operaciones lógicas, racionales, subsumir el hecho enjuiciado a la norma aplicable y fundamentar jurídica y racionalmente el porqué de esa decisión, algo que al juez robot se le escapa, ya que toma decisiones meramente automáticas a través de un algoritmo.

Por otro lado, hay que tener en cuenta, qué en la construcción de dichos algoritmos, se pueden incluir sesgos discriminatorios que afectarían a la imparcialidad del juez, incluso podría haber manipulación del mismo de forma intencionada, para dictar resoluciones con un determinado sentido, ya que los jueces robots se limitan a obedecer un determinado programa.

III. Principios fundamentales en el uso de la IA en las resoluciones judiciales

3.1. ¿Posible conculcación de las garantías fundamentales en ejercicio de la función jurisdiccional?

En la Propuesta de Reglamento del Parlamento europeo y del Consejo por el que se establecen normas armonizadas en materia de inteligencia artificial (LAI), se establecía en su exposición de motivos que la IA, podía tener importantes repercusiones negativas para múltiples derechos fundamentales consagrados en la Carta de los Derechos Fundamentales de la Unión Europea, en concreto:

- El derecho a la dignidad humana (artículo 1).

- El respeto de la vida privada y familiar y la protección de datos de carácter personal (artículos 7 y 8).

- La no discriminación (artículo 21) y la igualdad entre hombres y mujeres (artículo 23).

- Los derechos a la libertad de expresión (artículo 11) y de reunión (artículo 12).

- Derecho a la tutela judicial efectiva y a un juez imparcial, la presunción de inocencia y los derechos de la defensa (artículos 47).

Atendiendo a la posible conculcación de estos derechos fundamentales por la IA, el Grupo independiente de expertos de alto nivel sobre IA creado por la Comisión Europea para la Eficacia de la Justicia, estableció una serie de directrices fundamentales consagradas en una serie de principios básicos en la actuación y aplicación de la IA[23]:

1.º El respeto a los derechos fundamentales

En todo caso se debe garantizar en el uso de la IA, el derecho a la tutela judicial efectiva, la independencia judicial, la equidad entre las partes y el respeto de los derechos humanos.

La Ley sobre IA, establece en su considerando 61, *que pueden afectar, a la independencia judicial, aquellos sistemas de IA utilizados por una autoridad judicial o en su nombre para ayudar a las autoridades judiciales a investigar e interpretar los hechos y el Derecho y a aplicar la ley a unos hechos concretos. También los califica como de alto riesgo aquellos procedimientos de resolución alternativa de conflictos judiciales (MASC).*

2.º Principio de no discriminación y prevención de sesgos

Debe evitarse cualquier tipo de discriminación que en el uso de información sensible pudiera producirse, evitando en todo caso el uso de sesgos discriminatorios y erróneos.

3.º Principio de acción y supervisión humanas

Los sistemas de IA deben desarrollarse y utilizarse al servicio de las personas y deben respetar la dignidad humana y la autonomía personal como herramienta al servicio de las personas. Su funcionamiento debe estar controlado y vigilado por los seres humanos que respeta la dignidad humana y la autonomía personal, y que funciona de manera que pueda ser controlada y vigilada adecuadamente por seres humanos.

---

23. Véase en relación con estos procesos lo dispuesto en el Protocolo sobre política de uso de la IA en la Administración de Justicia elaborado CTEAJE, *Op cit*. p4-6.

4.º Principio de Calidad y solidez

El uso de la IA en el ámbito judicial será utilizado por profesionales sólidos en la materia como pueden ser jueces y fiscales y deben además usarse fuentes certificadas y fiables.

5.º Principio de protección de datos y privacidad

De acuerdo con la misma los sistemas de IA se desarrollan y utilizan de conformidad con normas en materia de protección de la intimidad y de los datos, al tiempo que tratan datos que cumplen normas estrictas en términos de calidad.

6.º Principio Bajo control del usuario

Todas las decisiones judiciales pueden ser revisables y entendibles para todos los ciudadanos.

7.º Principio de respeto a la imparcialidad y la transparencia

Estos sistemas deben ser accesibles y entendibles.

IV. ¿Vulneración del derecho a la tutela judicial efectiva con la utilización de la IA law?[24]

El derecho a la tutela judicial efectiva de conformidad con lo previsto en el art. 24 de la CE comprende entre otros derechos, el de obtener una resolución judicial fundada. Se exige que los Jueces y Tribunales expliquen de forma razonada y suficiente en la Sentencia las razones por las que se llega a un determinado fallo. Siguiendo este mandato constitucional el art. 120.3 CE establece implícitamente la prohibición de la arbitrariedad que impone el art. 9.3 de la CE en las resoluciones judiciales.

La resolución judicial impugnada puede considerarse que vulnera el derecho constitucional a la tutela judicial efectiva, cuando no sea fundada en derecho, tanto si carece absolutamente de motivación, es decir, no contiene los elementos

---

24. Sobre este tema es relevante el estudio realizado por el Magistrado Berdugo Rómez de la Torre, J, (2008). «Los motivos del recurso de casación en la doctrina del Tribunal Supremo y Tribunal Constitucional». En *Estudios de Derecho Constitucional*. CGPJ. P.76-80.

y razonamientos jurídicos que permitan conocer tales criterios jurídicos que fundamentan el fallo. Así Como cuando la motivación es aparente, equivocada, irrazonable o ilógica, en este sentido el Tribunal Constitucional ha fijado doctrina señalando que[25]:

> «Para que pueda considerarse, desde la perspectiva del art. 24.1 CE, que una resolución judicial está razonada en Derecho, tanto ya en el fallo, ya como ratio decidendi, es necesario que el razonamiento en ella contenido no sea arbitrario, irrazonable o incurra en un error patente (SSTC 23/1987, de 23 de febrero; 24/1990, de 15 de febrero; 90/1990, de 23 de mayo; 180/1993, de 31 de mayo; 22/1994, de 27 de enero; 126/1994, de 25 de abril; 112/1996, de 24 de junio; 5/1998, de 12 de enero; 147/1999, de 4 de agosto, entre otras)».

Pues bien debemos manifestar, con la aplicación de los sistemas de IA en el ejercicio de la función jurisdiccional, podría considerarse vulnerado el derecho a la tutela judicial efectiva, ya que las resoluciones que con la aplicación de la IA pudiesen dictarse, carecerían del razonamiento lógico y jurídico propio de los jueces y juezas, que como técnicos especialistas en derecho realizan de forma razonada y humana, de acuerdo con su extensa preparación.

V. Conclusiones

A lo largo de este trabajo de investigación debemos concluir que los sistemas de IA en el mundo del derecho, y en especial en el ámbito de la función jurisdiccional, son una realidad que va avanzando a gran velocidad. Su utilización en determinados aspectos de la justicia ha supuesto un gran avance, que le ha otorgado celeridad y eficacia. Pero por el contra requiere el cumplimiento de determinados principios

---

25. El Tribunal Constitucional fija doctrina sobre cuándo se considera que una resolución judicial puede vulnerar el derecho a la tutela judicial efectiva por una motivación arbitraria o errónea. STC, Sala Segunda, Sentencia 256/2000, de 30 de octubre de 2000. Recurso de amparo 1.477/97.

en su utilización, evitando la lesión de los derechos fundamentales y garantías predicables en nuestro ordenamiento jurídico. La nueva normativa nacional e internacional en la materia, en especial la nueva Ley de Inteligencia Artificial, predican la protección de los derechos fundamentales evitando el atentado a la tutela judicial efectiva, la igualdad, la independencia judicial o la imparcialidad, así como en todo caso protegiendo los derechos de los ciudadanos, y justiciables ante una posible utilización de la IA sin garantías y de forma irracional e incontrolada.

VI. Bibliografía

Belloso Martín, N. (2021), «Inteligencia Artificial en la resolución de asuntos judiciales. Reflexiones desde el paradigma de la justicia predictiva», en *Derecho e Inteligencia Artificial*, Cuadernos Digitales de Formación, n.° 3, CGPJ.

Berdugo Rómez de la Torre, J, (2008). «Los motivos del recurso de casación en la doctrina del Tribunal Supremo y Tribunal Constitucional». En *estudios de Derecho Constitucional*. CGPJ.

Catoira, A.A., Balaguer Callejón, F., Cotino Hueso, L., Hernández Ramos, M., Presno Linera, M., Rebollo Delgado, L., & Tudela Aranda, J. (2025). «Encuesta sobre Inteligencia artificial y Derechos fundamentales». *Teoría y Realidad Constitucional*, (55), 11-86. https://doi.org/10.5944/trc.55.2025.45027.

D'Aloia, A. (2025). «Inteligencia artificial, derechos fundamentales, democracia constitucional». *Teoría y Realidad Constitucional*, N.° 55. https://doi.org/10.5944/trc.55.2025.45030

Harari, Yuva, N., (2018), *lições para o Século 21*. São Paulo: Companhia das Letras. ISBN 978-8535930917.

Martínez García, J, (2020). «La respuesta jurídica». En *Anuario de Filosofía del Derecho*. Boletín Oficial del Estado.

Madrid: Ministerio de Justicia, Sociedad Española de Filosofía Jurídica y Política, 2020, vol. XXXVI, Disponible en: https://www.boe.es/biblioteca_juridica/anuarios_derecho/anuario.php?id=F_ANUARIO_DE_FILOSOF%C3%8DA_DEL_DERECHO&tipo=R&modo=2

Martínez Zorrilla, (2019) «La decisión judicial automatizada: entre la ciencia y la ficción», en Vial Dumas, M. y Martínez Zorrilla, D. (eds.). *Pensando al juez*. Madrid: Marcial Pons.

Miró, F (2018). «*Inteligencia artificial y Justicia Penal: Más allá de los resultados lesivos causados por robots*». *Revista de Derecho Penal y Criminología*. 3.ª época, n.º 3p.87-130. https://doi.org/10.5944/rdpc.20.2018.26446

Mitchell, T (1997). *Machine Learning*. McGraw-Hill Education.

Moral, A (2022), «Robotización e Inteligencia Artificial en la Justicia», encuentro organizado por el Ministerio de Justicia en colaboración con AMETIC el pasado 16 de marzo de 2022. Disponible en https://youtu.be/0S8k-fKm8GZI.

Nieva Fenoll, J, (2018). *Inteligencia Judicial y Proceso Judicial*, Marcial Pons. Ediciones Jurídicas y Sociales. Madrid.

Salom Lucas, A. (2021). «El derecho y la Inteligencia Artificial», en *Cuadernos Digitales de Formación*, Consejo General del Poder Judicial.

San Miguel Caso, C. (2023). «Inteligencia Artificial y algoritmos: la controvertida evolución de la tutela judicial efectiva en el proceso penal». *Estudios penales y criminológicos, n.º 44, p.11*. Disponible en https://revistas.usc.gal/index.php/epc/article/view/8859

Normativa y jurisprudencia

– Reglamento (UE) 2024/1689 del Parlamento Europeo y del Consejo, de 13 de junio de 2024, por el que se establecen normas armonizadas en materia de inteligencia artificial y por el que se modifican los Reglamentos (CE) n.º 300/2008, (UE) n.º 167/2013, (UE) n.º 168/2013, (UE) 2018/858, (UE) 2018/1139 y (UE) 2019/2144 y las Directivas 2014/90/UE, (UE) 2016/797 y (UE) 2020/1828 (Reglamento de Inteligencia Artificial) (DO L, 2024/1689, de 12.7.2024, ELI: http://data.europa.eu/eli/reg/2024/1689/oj.

- El Convenio Marco del Consejo de Europa sobre inteligencia artificial, derechos humanos, democracia y Estado de Derecho aprobado el 26.06.2024. Disponible en https://eur-lex.europa.eu

- Convenio del Consejo de Europa de 5-11-2011 sobre prevención y lucha contra la violencia contralas mujeres y la violencia doméstica. Disponible en https://rm.coe.int/1680462543

- Estrategia Europea relativa a la justicia en Red 2024-2028 C/2025/437. Diario Oficial de la Unión Europea de 16.01.2025. Disponible en https://eur-lex.europa.eu/legal-content/ES/TXT/PDF/?uri=OJ:C_202500437(último acceso el 17-07-2025).

- Política de Uso de la IA en la Administración de Justicia (CTEAJE, 2024). Disponible en https://www.administraciondejusticia.gob.es/cteaje

- Decisión (UE) 2022/2349 del Consejo, de 21 de noviembre de 2022, por la que se autoriza la apertura de negociaciones en nombre de la Unión Europea con vistas a un convenio del Consejo de Europa sobre inteligencia artificial, derechos humanos, democracia y Estado de Derecho (DO L 311 de 2.12.2022, p. 138.

- Directiva 2000/43/CE del Consejo, de 29 de junio de 2000, relativa a la aplicación del principio de igualdad de trato de las personas independientemente de su origen racial o étnico (DO L 180 de 19.7.2000, p. 22.

- Reglamento (UE) 2016/679 del Parlamento Europeo y del Consejo, de 27 de abril de 2016, relativo a la protección de las personas físicas en lo que respecta al tratamiento de datos personales y a la libre circulación de estos datos y por el que se deroga la Directiva 95/46/CE (Reglamento General de Protección de Datos) (DO L 119 de 4.5.2016, p. 1.

– Real Academia Española de la lengua (2025). Disponible en https://dle.rae.es/inteligencia#2DxmhCT.

– Ley Real Decreto-ley 6/2023, de 19 de diciembre, por el que se aprueban medidas urgentes para la ejecución del Plan de Recuperación, Transformación y Resiliencia en materia de servicio público de justicia, función pública, régimen local y mecenazgo de 2023.

– Ley 15/2022, de 12 de julio, integral para la igualdad de trato y la no discriminación.

– Ley Orgánica 1/2004, de 28 de diciembre, de Medidas de Protección Integral contra la Violencia de Género.

– Ley Orgánica 10/1995, de 23 de noviembre, del Código Penal.

– Ley Orgánica 6/1985, de 1 de julio, del Poder Judicial.

– Sentencia de Pleno del Tribunal Constitucional. Sentencia 33/2023, de 18 de abril de 2023. Recurso de amparo 1307-2018. Publicada en el BOE» núm. 121, de 22 de mayo de 2023.

– Sentencia del Tribunal Supremo, Sala de lo Penal, Siendo Ponente Antonio del Moral, de fecha 19 de abril de 2017. (STS 1487/2017 - ECLI:ES:TS:2017:1487.

– Sentencia del Tribunal Constitucional, Sala Segunda, Sentencia 256/2000, de 30 de octubre de 2000. Recurso de amparo 1.477/97.

VII. Anexo jurisprudencial

7.1. Sobre el derecho a la intimidad virtual

La jurisprudencia tanto jurisdiccional como constitucional se ha pronunciado sobre el derecho a la intimidad virtual o entorno virtual como una de las formas del derecho fundamental del art. 18.4 de la CE.

- **La Sentencia de la Audiencia Nacional, Penal sección 4, del 12 de mayo de 2025 (ROJ: SAN 2293/2025 - ECLI:ES:AN:2025:2293).** Al examinar un caso de delito de cohecho y revelación de secretos, declara lo siguiente sobre el derecho a la intimidad virtual:

  «El derecho al entorno virtual carece a juicio del Tribunal de una configuración autónoma y aislada, ya que en él convergen aspectos de otros derechos fundamentales tales como el derecho a la intimidad (art. 18.1 CE), del derecho al secreto de las comunicaciones (art. 18.3 CE), y del derecho a la autodeterminación informativa (art. 18 4 CE), creado precisamente, para dotar de un tratamiento uniforme a toda la información contenida en un dispositivo de almacenamiento masivo de la información o un repositorio telemático de datos, cuyo manejo de por sí ya es extremadamente complejo, y necesitado de medios materiales y humanos altamente cualificados, más lo es aún, en casos como el que nos ocupa, en el que gran parte de los archivos que contenían la información, se encontraban encriptados, siendo así que aún a día de hoy una parte significativa de aquella no ha podido ser desencriptada. Además, debido a la posición que el acusado Sr. Andrés, ocupaba dentro del Cuerpo Nacional de Policía mientras se encontraba en activo, desempeñando las labores que le eran encomendadas, otra parte importante de aquella contenía datos que afectaban a la seguridad del Estado, por lo que hubo se ser expurgada, operación ésta que se repitió a lo largo de las distintas fases procesales, siendo acordado la última de estas operaciones fechas antes del inicio del juicio oral, por auto de este Tribunal de 29 de noviembre de 2024, sin que las partes manifestaran nada al respecto».

- **La Sentencia del Tribunal Supremo, Sala de lo Penal, sección 1 del 10 de marzo de 2016 (ROJ: STS 1218/2016 - ECLI:ES:TS:2016:1218).** En ella y en relación con un delito contra el derecho a la intimidad, en concreto el examen de los datos contenidos en la agenda de teléfono, establece cuáles son los requisitos que se exigen para que no afecte al derecho a la **intimidad virtual**. Considerando que:

«La razón de ser de la necesidad de esta autorización con carácter generalizado es la consideración de estos instrumentos como lugar de almacenamiento de una serie compleja de datos que afectan de modo muy variado a la intimidad del investigado (comunicaciones a través de sistemas de mensajería, por ejemplo, tuteladas por el art 18 3.º CE, contactos o fotografías, por ejemplo, tuteladas por el art 18 1.º CE que garantiza el derecho a la intimidad, datos personales y de geolocalización, que pueden estar tutelados por el derecho a la protección de datos, art 18 4.º CE). La consideración de cada uno de estos datos de forma separada y con un régimen de protección diferenciado es insuficiente para garantizar una protección eficaz, pues resulta muy difícil asegurar que una vez permitido, por ejemplo, el acceso directo de los agentes policiales a estos instrumentos para investigar datos únicamente protegidos por el derecho a la intimidad (por ejemplo, los contactos incluidos en la agenda), no se pueda acceder o consultar también otros datos tutelados por el derecho a la inviolabilidad de las comunicaciones albergados en el mismo dispositivo. Es por ello por lo que el Legislador otorga un tratamiento unitario a los datos contenidos en los ordenadores y teléfonos móviles, reveladores del perfil personal del investigado, configurando un derecho constitucional de nueva generación que es el derecho a la protección del propio entorno virtual.

Este criterio ya puede apreciarse en la doctrina jurisprudencial de esta Sala, por ejemplo en la STS 342/2013, de 17 de abril, que justifica una cita de cierta amplitud. "A) El acceso de los poderes públicos al contenido del ordenador de un imputado, no queda legitimado a través de un acto unilateral de las fuerzas y cuerpos de seguridad del Estado. El ordenador y, con carácter general, los dispositivos de almacenamiento masivo, son algo más que una pieza de convicción que, una vez aprehendida, queda expuesta en su integridad al control de los investigadores. El contenido de esta clase de dispositivos no puede degradarse a la simple condición de instrumento recipiendario de una serie de datos con mayor o menor relación con el derecho a la intimidad de su usuario. En el ordenador coexisten, es cierto, datos técnicos y datos personales susceptibles de protección constitucional en el ámbito del derecho a la intimidad y la protección de datos (art. 18.4 de la CE). Pero su contenido también puede albergar —de hecho, normalmente albergará— información esencialmente ligada al derecho a la inviolabilidad de las comunicaciones. El correo electrónico y los programas de gestión de mensajería instantánea no son sino instrumentos tecnológicos para hacer realidad, en formato telemático, el derecho a la libre comunicación entre dos o más personas. Es opinión generalizada que los mensajes de correo electrónico, una vez descargados desde el servidor, leídos por su destinatario y almacenados en alguna de las bandejas del programa de gestión, dejan de integrarse en el ámbito que sería propio de la inviolabilidad de las comunicaciones. La comunicación ha visto ya culminado su ciclo y la información contenida en el mensaje es, a partir de entonces, susceptible de protección por su relación con el ámbito reservado al derecho a la intimidad, cuya tutela constitucional es evidente, aunque de una intensidad distinta a la reservada para el derecho a la inviolabilidad de las comunicaciones.

En consecuencia, el acceso a los contenidos de cualquier ordenador por los agentes de policía, ha de contar con el presupuesto habilitante de una autorización judicial. Esta resolución ha de dispensar una protección al imputado frente al acto de injerencia de los poderes públicos. Son muchos los espacios de exclusión que han de ser garantizados. No todos ellos gozan del mismo nivel de salvaguarda desde la perspectiva constitucional. De ahí la importancia de que la garantía de aquellos derechos se haga efectiva siempre y en todo caso, con carácter anticipado, actuando como verdadero presupuesto habilitante de naturaleza formal.

La ponderación judicial de las razones que justifican, en el marco de una investigación penal, el sacrificio de los derechos de los que es titular el usuario del ordenador, ha de hacerse sin perder de vista la multifuncionalidad de los datos que se almacenan en aquel dispositivo. Incluso su tratamiento jurídico puede llegar a ser más adecuado si los mensajes, las imágenes, los documentos y, en general, todos los datos reveladores del perfil personal, reservado o íntimo de cualquier encausado, se contemplan de forma unitaria. Y es que, más allá del tratamiento constitucional fragmentado de todos y cada uno de los derechos que convergen en el momento del sacrificio, existe un derecho al propio entorno virtual. En él se integraría, sin perder su genuina sustantividad como manifestación de derechos constitucionales de nomen iuris propio, toda la información en formato electrónico que, a través del uso de las nuevas tecnologías, ya sea de forma consciente o inconsciente, con voluntariedad o sin ella, va generando el usuario, hasta el punto de dejar un rastro susceptible de seguimiento por los poderes públicos. Surge entonces la necesidad de dispensar una protección jurisdiccional frente a la necesidad del Estado de invadir, en las tareas de investigación y castigo de los delitos, ese entorno digital.

Sea como fuere, lo cierto es que tanto desde la perspectiva del derecho de exclusión del propio entorno virtual, como de las garantías constitucionales exigidas para el sacrificio de los derechos a la inviolabilidad de las comunicaciones y a la intimidad, la intervención de un ordenador para acceder a su contenido exige un acto jurisdiccional habilitante. Y esa autorización no está incluida en la resolución judicial previa para acceder al domicilio en el que aquellos dispositivos se encuentran instalados. De ahí que, ya sea en la misma resolución, ya en otra formalmente diferenciada, el órgano jurisdiccional ha de exteriorizar en su razonamiento que ha tomado en consideración la necesidad de sacrificar, además del domicilio como sede física en el que se ejercen los derechos individuales más elementales, aquellos otros derechos que convergen en el momento de la utilización de las nuevas tecnologías.

La STC 173/2011, 7 de noviembre, recuerda la importancia de dispensar protección constitucional al cúmulo de información personal derivada del uso de los instrumentos tecnológicos de nueva generación. Allí puede leerse el siguiente razonamiento: "si no hay duda de que los datos personales relativos a una persona individualmente considerados, a que se ha hecho referencia anteriormente, están dentro del ámbito de la intimidad constitucionalmente protegido, menos aún pueda haberla de que el cúmulo de la información que se almacena por su titular en un ordenador personal, entre otros datos sobre su vida privada y profesional (en forma de documentos, carpetas, fotografías, vídeos, etc.) —por lo que sus funciones podrían equipararse a los de una agenda electrónica—, no sólo forma parte de este mismo ámbito, sino que además a través de su observación por los demás pueden descubrirse aspectos de la esfera más íntima del ser humano. Es evidente que cuando su titular navega por Internet, participa en foros de conversación o redes sociales, descarga archivos o documentos, realiza operaciones de comercio electrónico, forma parte de grupos de noticias, entre otras posibilidades, está revelando datos acerca de su personalidad, que pueden afectar al núcleo más profundo de su intimidad por referirse a ideologías, creencias religiosas, aficiones personales, información sobre la salud, orientaciones sexuales, etc. Quizás, estos datos que se reflejan en un ordenador personal puedan tacharse de irrelevantes o livianos si se consideran aisladamente, pero si se analizan en su conjunto, una vez convenientemente entremezclados, no cabe duda que configuran todos ellos un perfil altamente descriptivo de la personalidad de su titular, que es preciso proteger frente a la intromisión de terceros o de los poderes públicos, por cuanto atañen, en definitiva, a la misma peculiaridad o individualidad de la persona. A esto debe añadirse que el ordenador es un instrumento útil para la emisión o recepción de correos electrónicos, pudiendo quedar afectado en tal caso, no sólo el derecho al secreto de las comunicaciones del art. 18.3 CE (por cuanto es indudable que la utilización de este procedimiento supone un acto de comunicación), sino también el derecho a la intimidad personal (art. 18.1 CE), en la medida en que estos correos o email, escritos o ya leídos por su destinatario, quedan almacenados en la memoria del terminal informático utilizado. Por ello deviene necesario establecer una serie de garantías frente a los riesgos que existen para los derechos y libertades públicas, en particular la intimidad personal, a causa del uso indebido de la informática así como de las nuevas tecnologías de la información».

– **La Sentencia de la Audiencia Provincial de Madrid, Penal sección 30 del 14 de octubre de 2024 (ROJ: SAP M 13048/2024 - ECLI:ES:APM:2024:13048)** Expone el derecho a la intimidad virtual como un derecho fundamental de nueva generación, en el mismo sentido que las anteriores sentencias. La APM analiza los requisitos para proceder a acceder a la información de dispositivos electrónicos incautados fuera del domicilio del investigado, de acuerdo con el art. 588 sexies b de la LECRIM y en cuanto a la posible vulneración del art. 18.4 de la CE.

– **La Sentencia de la Audiencia Provincial de Huelva, sección 3 del 22 de octubre de 2024 (ECLI:ES:APH:2024:539)**. En ella se establece que no puede admitirse como prueba a efectos probatorios, la consistente en, los vídeos obtenidos en el móvil del acusado, que fueron remitidos por la víctima a su teléfono móvil y aportados por ésta a la causa, ya que no obtuvo la autorización judicial preceptiva. Y ello por cuanto señala:

«La razón de ser de la necesidad de esta autorización con carácter generalizado es la consideración de estos instrumentos como lugar de almacenamiento de una serie compleja de datos que afectan de modo muy variado a la inviolabilidad de las comunicaciones

(comunicaciones a través de sistemas de mensajería, por ejemplo, tuteladas por el art 18 3.° ce, contactos o fotografías, por ejemplo, tuteladas por el art 18 1.° ce que garantiza el derecho a la intimidad, datos personales y de geolocalización, que pueden estar tutelados por el derecho a la protección de datos, art 18 4.° ce).

La consideración de cada uno de estos datos de forma separada y con un régimen de protección diferenciado es insuficiente para garantizar una protección eficaz, pues resulta muy difícil asegurar que una vez permitido, por ejemplo, el acceso directo de los agentes policiales a estos instrumentos para investigar datos únicamente protegidos por el derecho a la intimidad (por ejemplo, los contactos incluidos en la agenda), no se pueda acceder o consultar también otros datos tutelados por el derecho a la inviolabilidad de las comunicaciones albergados en el mismo dispositivo. Es por ello por lo que el Legislador otorga un tratamiento unitario a los datos contenidos en los ordenadores y teléfonos móviles, reveladores del perfil personal del investigado, configurando un derecho constitucional de nueva generación que es "el derecho a la protección del propio entorno virtual"».

7.2. Sobre el derecho a la tutela judicial efectiva

El derecho a la tutela judicial efectiva previsto en el art. 24 de la CE, implica el derecho a obtener una resolución judicial efectiva y motivada. El Tribunal Constitucional ha establecido como doctrina constitucional, que el derecho a la tutela judicial efectiva implica que el razonamiento jurídico que se da al justiciable sea razonado jurídicamente y no arbitrario.

- **Sentencia del Tribunal Constitucional sección 1 del 30 de octubre de 2000 (ROJ: STC 256/2000 - ECLI:ES:TC:2000:256.** En este sentido y como ya se ha adelantado en el cuerpo del presente capítulo el derecho constitucional a la tutela judicial efectiva reconocido en el art. 24.1 CE integra entre sus diversos contenidos el derecho de acceso a la jurisdicción o, en su caso, a los recursos legalmente establecidos, **para obtener una resolución sobre el fondo de la pretensión planteada congruente, motivada y fundada en Derecho**. Considerando que:

«Como es doctrina constante de este Tribunal, el derecho constitucional a la tutela judicial efectiva reconocido en el art. 24.1 CE integra entre sus diversos contenidos el derecho de acceso a la jurisdicción o, en su caso, a los recursos legalmente establecidos, para obtener una resolución sobre el fondo de la pretensión planteada congruente, motivada y fundada en Derecho, resolución que, sin embargo, puede ser de inadmisión si concurren las causas legalmente previstas para ello (SSTC 87/1986, de 27 de junio; 78/1991, de 15 de abril; 201/1992, de 19 de noviembre; 96/1994, de 21 de marzo; 61/1996, de 4 de abril; 145/1998, de 30 de junio; 35/1999, de 22 de marzo; 130/2000, de 16 de mayo). Por el contrario, el mencionado derecho constitucional no incluye un pretendido derecho al acierto judicial en la selección, interpretación y aplicación de las disposiciones legales, salvo que con ellas se afecte al contenido de otros derechos fundamentales distintos al de tutela judicial efectiva (SSTC 210/1991, de 11 de noviembre; 163/1993, de 8 de mayo; 201/1994, de 4 de julio; 14/1995, de 24 de enero; 110/1996, de 24 de junio; 20/1997, de 10 de febrero). En cualquier caso, hemos afirmado también en diversas Sentencias, ya sea como mero obiter dicta sin trascendencia en el fallo, ya como ratio decidendi del mismo, que para que pueda considerarse, desde la perspectiva del art. 24.1 CE, que una resolución judicial está razonada en Derecho es necesario que el razonamiento en ella contenido no sea arbitrario, irrazonable o incurra en un error patente (SSTC 23/1987, de 23 de febrero; 24/1990, de 15 de febrero; 90/1990, de 23 de mayo; 180/1993, de 31 de mayo; 22/1994, de 27 de enero; 126/1994, de 25 de abril; 112/1996, de 24 de junio; 5/1998, de 12 de enero; 147/1999, de 4 de agosto, entre otras).

- **Sentencia del Tribunal Constitucional sección 1 del 29 de noviembre de 1999 (ROJ: STC 214/1999 - ECLI:ES:TC:1999.** Considera que:

«En relación con la interpretación y aplicación de normas legales sin afectación de los contenidos típicos del art. 24.1 CE (tales como el acceso a la jurisdicción o, con distinta intensidad, el derecho a los recursos) o de otros derechos fundamentales, hemos precisado en la STC 214/1999, de 29 de noviembre (FJ 4), que "tan sólo podrá considerarse que la resolución judicial impugnada vulnera el derecho a la tutela judicial efectiva cuando el razonamiento que la funda incurra en tal grado de arbitrariedad, irrazonabilidad o error que, por su evidencia y contenido, sean tan manifiestos y graves que para cualquier observador resulte patente que la resolución de hecho carece de toda motivación o razonamiento". Y ello, según prosigue la Sentencia citada, porque si bien "es cierto que, en puridad lógica, no es lo mismo ausencia de motivación y razonamiento que motivación y razonamiento que por su grado de arbitrariedad o irrazonabilidad debe tenerse por inexistente; también es cierto que este Tribunal incurriría en exceso de formalismo si admitiese como decisiones motivadas y razonadas aquellas que, a primera vista y sin necesidad de mayor esfuerzo intelectual y argumental, se comprueba que parten de premisas inexistentes o patentemente erróneas o siguen un desarrollo argumental que incurre en quiebras lógicas de tal magnitud que las conclusiones alcanzadas no pueden considerarse basadas en ninguna de las razones aducidas».